Aberta a todas as correntes do pensamento, integra autores modernos e textos fundamentais que vão da filosofia da linguagem à hermenêutica e à epistemologia.

O Aberto

Título Original:
L'Aperto. L'uomo e l'animale,
Originalmente publicado por Bollati Boringhieri editore, Turim

© 2002 by Giorgio Agamben

Este livro foi negociado através da
Ute Körner Literary Agency, S.L., Barcelona – www.uklitag.com –
e da Agnese Incisa Agenzia Letteraria, Turim

Tradução:
André Dias, Ana Bigotte Vieira

Revisão:
Davide Scarso

Design de capa:
FBA

Biblioteca Nacional de Portugal – Catalogação na Publicação

AGAMBEN, Giorgio, 1942-
O aberto. O homem e o animal. - (Biblioteca
de filosofia contemporânea ; 42)
ISBN 978-972-44-1689-2

CDU 141

Paginação:
Rita Lynce

Depósito Legal N.º 335316/11

Impressão e acabamento:
DPS – DIGITAL PRINTING SERVICES, LDA.
para
EDIÇÕES 70, LDA.
Agosto 2020

Direitos reservados para Portugal
e países africanos de língua oficial portuguesa

EDIÇÕES 70, uma chancela de Edições Almedina, S.A.
LEAP CENTER – Espaço Amoreiras
Rua D. João V, n.º 24, 1.03 - 1250-091 Lisboa - Portugal
e-mail: geral@edicoes70.pt

www.edicoes70.pt

Esta obra está protegida pela lei. Não pode ser reproduzida,
no todo ou em parte, qualquer que seja o modo utilizado,
incluindo fotocópia e xerocópia, sem prévia autorização do Editor.
Qualquer transgressão à lei dos Direitos de Autor
será passível de procedimento judicial.

Giorgio Agamben
O Aberto

O Homem e o Animal

Bíblia hebraica do século XIII: a visão de Ezequiel; os três animais das origens; o banquete messiânico dos justos (Milão, Biblioteca Ambrosiana)

S'il n'existoit point d'animaux, la nature de l'homme serait encore plus incompréhensible.([1])
Georges-Louis Buffon

Indigebant tamen eis ad experimentalem cognitionem sumendam de naturis eorum.([2])
Tomás de Aquino

([1]) *Se não existissem animais, a natureza do homem seria ainda mais incompreensível. (N. T.)*
([2]) *Contudo, deles precisaram para extrair da sua natureza um conhecimento experimental. (N. T.)*

1.
Teromorfo

> Nas três últimas horas do dia, Deus senta-se e
> joga com Leviatã, como está escrito: «tu fizeste
> o Leviatã para com ele jogares».
>
> *Talmude, Avoda zara*

Na Biblioteca Ambrosiana de Milão conserva-se uma Bíblia hebraica do século XIII que contém iluminuras preciosas. As duas últimas páginas do terceiro códice são inteiramente ilustradas com cenas de inspiração mística e messiânica. A página 135*v* retrata a visão de Ezequiel sem a representação do carro: ao centro estão os sete céus, a lua, o sol e as estrelas e, nos cantos, destacando-se sobre um fundo azul, os quatro animais escatológicos: o galo, a águia, o boi e o leão. A última página (136*r*) está dividida em duas metades: a superior representa os três animais das origens: o pássaro Ziz (sob forma de grifo alado), o boi Behemot e o grande peixe Leviatã, imerso no mar e dobrado sobre si mesmo. A cena que aqui particularmente nos interessa é a última em todos os sentidos, uma vez que conclui tanto o códice como a história da humanidade. Representa o banquete messiânico dos justos no último dia. À sombra de árvores paradisíacas e enlevados pela música de dois instrumentistas, os justos, de cabeça coroada, sentam-se a uma mesa ricamente posta. A ideia segundo a qual, nos dias do Messias, os justos, que ao longo da vida observaram as prescrições da *Torá*, se banquetearão com as carnes de Leviatã e de Behemot sem se preocuparem com o facto de estas terem sido talhadas de modo *kosher* é perfeitamente familiar à tradição rabínica. É surpreendente, porém, um detalhe que ainda não mencionámos: sob as coroas, o artista representou os justos não com semblantes humanos, mas com uma cabeça inconfundivelmente animal. Não somente reencontramos aqui, nas três figuras à direita, o bico grifado da águia, a cabeça vermelha do boi e a cabeça leonina dos animais escatológicos como também os outros dois justos na imagem exibem, um, grotescos traços de asno, e o outro, um perfil de pantera. E calha ainda uma cabeça de animal aos dois instrumentistas – particularmente ao da direita, mais visível, que toca uma espécie de viola com um inspirado focinho simiesco.

Por que estarão os representantes da humanidade consumada retratados com cabeças de animais? Os estudiosos que se têm ocupado da questão não encontraram até hoje uma explicação convincente. De acordo com Sofia Ameisenowa, que dedicou ao assunto uma ampla investigação na qual tentou aplicar aos materiais judaicos os métodos da escola warburguiana, as imagens dos justos com feições animais deveriam reportar-se ao tema gnóstico-astrológico da representação dos decanos teromórficos, através da doutrina gnóstica segundo a qual os corpos dos justos (ou melhor, dos espirituais), reascendendo após a morte em direção aos céus, transformam-se em estrelas e identificam-se com as potências que governam cada céu.

Segundo a tradição rabínica, todavia, os justos em questão não estão de modo algum mortos: são, pelo contrário, os representantes do resto de Israel, isto é, justos ainda em vida no momento da vinda do Messias. Como se lê no *Apocalipse de Baruch* 29, 4, «Behemot aparecerá vindo da sua terra e o Leviatã surgirá do mar: os dois monstros, que formei no quinto dia da criação e conservei até esse dia, servirão agora de alimento para todos aqueles que restarem». Para mais, o motivo da representação terocéfala dos arcontes gnósticos e dos decanos astrológicos é tudo menos pacífico para os estudiosos e requer ele próprio uma explicação. Nos textos maniqueus, cada um dos arcontes corresponde assim a uma das partes do reino animal (bípedes, quadrúpedes, pássaros, peixes, répteis) e, de igual modo, a uma das «cinco naturezas» do corpo humano (ossos, nervos, veias, carne, pele), de tal forma que a representação teromórfica dos arcontes remete diretamente para o tenebroso parentesco entre macrocosmos animal e microcosmos humano (Puech, 105). Por outro lado, no *Talmude*, a passagem do tratado em que o Leviatã é mencionado como alimento do banquete messiânico dos justos encontra-se após uma série de *haggadoth* que parecem aludir a uma diferente economia das relações entre o animal e o humano. Que, de resto, no reino messiânico também a natureza animal será transfigurada, estava implícito na profecia messiânica de *Isaías* 11, 6 (tão apreciada por Ivan Karamazov), onde se lê que «o lobo morará junto ao cordeiro | e a pantera deitar-se-á ao lado do cabrito; | o vitelo e o pequeno leão pastarão juntos | e um menino os guiará».

Não é deste modo impossível que, atribuindo uma cabeça animal ao resto de Israel, o artista do manuscrito da Ambrosiana tenha pretendido indicar que, no último dia, as relações entre os animais e os homens se configurarão numa nova forma e o próprio homem se reconciliará com a sua natureza animal.

2.

Acéfalo

Georges Bataille ficou de tal modo impressionado com as efígies gnósticas dos arcontes com cabeças de animais que pôde ver no Cabinet des Medailles da Bibliothèque Nationale, que lhes dedicou em 1930 um artigo na sua revista *Documents*. Na mitologia gnóstica, os arcontes são entidades demoníacas que criam e governam o mundo material no qual os elementos espirituais e luminosos se encontram misturados e aprisionados nos elementos obscuros e corpóreos. As imagens, reproduzidas enquanto documentos da tendência do «baixo materialismo» gnóstico para a confusão entre formas humanas e bestiais, representam, segundo as didascálias bataillianas: «três arcontes com cabeça de pato», um «Iao panmorfo», um «Deus com pernas humanas, corpo de serpente e cabeça de galo» e, por fim, um «Deus acéfalo carregando duas cabeças animais». Seis anos depois, a capa do primeiro número da revista *Acéphale*, desenhada por André Masson, exibia, como insígnia da «conjura sagrada» urdida por Bataille com um pequeno grupo de amigos, uma figura humana nua desprovida de cabeça. Se bem que a evasão do homem da sua própria cabeça («O homem escapou da sua cabeça como o condenado da prisão», declara o texto programático: Bataille, 6) não implicasse necessariamente um reenvio à animalidade, as ilustrações do número 3-4 da revista, nas quais o mesmo homem nu do primeiro número carrega agora uma majestosa cabeça taurina, são testemunho de uma aporia que acompanha todo o projeto batailliano.

Entre os temas centrais da leitura hegeliana de Kojève, de quem Bataille havia sido auditor na École des Hautes Études, encontrava-se, de facto, o problema do fim da história e da figura que o homem e a natureza assumiriam no mundo pós-histórico, quando o paciente processo do trabalho e da negação, através do qual o animal da espécie *Homo sapiens* se havia tornado humano, tivesse chegado ao fim. De acordo com um gesto seu característico, Kojève dedica a este problema central apenas uma nota do curso de 1938-39:

> O desaparecimento do Homem no fim da história não é uma catástrofe cósmica: o mundo natural permanece aquilo que é desde a eternidade. Não é sequer uma catástrofe biológica: o Homem continua vivo como animal que se encontra *de acordo* com a Natureza e com o Ser dado. O que desaparece é o Homem propriamente dito, ou seja, a Ação que nega o dado e o Erro ou, em geral, o Sujeito *oposto* ao Objecto. Portanto, o fim do Tempo humano ou da História, ou seja, o aniquilamento definitivo do Homem propriamente dito ou do Indivíduo livre e histórico, significa simplesmente o cessar da Ação no sentido forte do termo. O que significa, na prática: o desaparecimento das guerras e das

revoluções sangrentas. E ainda o desaparecimento da *Filosofia*; a partir do momento em que o Homem não se modifica mais a si próprio de modo essencial, não há motivo para alterar os princípios (verdadeiros) que servem de base ao seu conhecimento do Mundo e de si. Mas tudo o resto pode manter-se indefinidamente: a arte, o amor, o jogo, etc.; em suma, tudo o que torna o homem *feliz*. (Kojève, 434-35)

A divergência entre Bataille e Kojève concerne especificamente esse «resto» que sobrevive à morte do homem de novo tornado animal no fim da história. O que o aprendiz – que era, na verdade, cinco anos mais velho que o mestre – não podia de maneira alguma aceitar era que «a arte, o amor, o jogo», mas também o riso, o êxtase, o luxo (que, revestidos de uma aura de excepcionalidade, estavam no centro das preocupações da *Acéphale* e, dois anos mais tarde, do Collège de Sociologie), deixassem de ser sobrehumanos, negativos e sagrados, para serem simplesmente restituídos à *praxis* animal. Para o pequeno grupo de quarentões iniciados, pouco temerosos em desafiar o ridículo praticando a «alegria perante a morte» nos bosques da periferia de Paris e de, alguns anos mais tarde, em plena crise europeia, brincar aos «aprendizes de feiticeiro» professando o retorno dos povos europeus à «velha casa do mito», o ser acéfalo entrevisto por um instante nas suas experiências privilegiadas poderia, talvez, não ser humano nem divino – mas não deveria, em caso algum, ser animal.

Naturalmente, estava também aqui em questão a interpretação de Hegel, terreno no qual a autoridade de Kojève era particularmente ameaçadora. Se a história mais não era do que o paciente trabalho dialético da negação e o homem o sujeito e, simultaneamente, o que está em jogo nesta ação que nega, então a consumação da história implicava necessariamente o fim do homem e a face do sábio que, no limiar do tempo, contempla satisfeito este fim dilui-se necessariamente, como na iluminura da Ambrosiana, num focinho animal.

Por isto, numa carta a Kojève de 6 de Dezembro de 1937, Bataille não pode senão apostar na ideia de uma «negatividade sem emprego», ou seja, de uma negatividade que sobrevive, não se sabe como, ao fim da história e da qual ele não pode fornecer outra prova senão a sua própria vida, «a ferida aberta que é a minha vida»:

> Admito (como hipótese verosímil) que, agora mesmo, a história está consumada (exceção feita ao epílogo). Mas vejo as coisas de maneira diferente... Se a ação (o «fazer») é – como diz Hegel – a negatividade, a questão está em saber se a negatividade de quem não tem «mais nada a fazer» falha ou se, pelo contrário, subsiste no estado de «negatividade sem emprego»: pessoalmente, não me posso decidir senão numa única direção, uma vez que eu próprio sou essa «negatividade sem emprego» (nem poderia definir-me com maior precisão). Reconheço que Hegel previu tal possibilidade; todavia, ele não a colocou no fim do processo que descreveu. Imagino que a minha vida – ou, melhor ainda, o seu aborto, a ferida aberta que é a minha vida – constitua, por si, o rebater do sistema fechado de Hegel. (Hollier, 111)

O fim da história comporta, então, um «epílogo» no qual a negatividade humana se conserva como «resto» sob a forma do erotismo, do riso, da alegria perante a morte. À luz incerta deste epílogo, o sábio, soberano e consciente de si, vê ainda passar diante dos olhos não cabeças animais, mas as figuras acéfalas dos *hommes farouchement religieux*, «amantes» ou «aprendizes de feiticeiro». O epílogo, no entanto, viria a revelar-se frágil. Em 1939, quando a guerra era já inevitável, uma declaração do Collège de Sociologie revela a sua impotência, denunciando a passividade e a ausência de reações perante a guerra como uma forma de massiva «desvirilização» através da qual os homens se transformam numa espécie de «ovelhas conscientes e resignadas ao abate» (Hollier, 58 e 59). Mesmo que num sentido diferente daquele que Kojève tinha em mente, os homens tinham então, de facto, voltado a ser animais.

3.

Snobe

> Nenhum animal pode ser snobe.
> Alexandre Kojève

Em 1968, por ocasião da segunda edição da *Introduction à la lecture de Hegel*, quando o discípulo-rival tinha morrido há já seis anos, Kojève regressa ao problema do tornar-se animal do homem. E fá-lo, mais uma vez, na forma de uma nota acrescentada à nota da primeira edição (se o texto da *Introduction* é composto essencialmente pelos apontamentos reunidos por Queneau, as notas são a única parte do livro seguramente da mão de Kojève). Aquela primeira nota – observa ele – era ambígua porque, se se admite que, no fim da história, o homem «propriamente dito» deve desaparecer, não se pode depois coerentemente pretender que «tudo o resto» (a arte, o amor, o jogo) se possa manter indefinidamente:

> Se o Homem volta a ser animal, também as suas artes, os seus amores e os seus jogos deverão voltar a ser puramen-

te «naturais». Deveríamos admitir, portanto, que, após o fim da história, os homens construirão os seus edifícios e as suas obras de arte como os pássaros constroem os seus ninhos e as aranhas tecem as suas teias, realizarão concertos musicais a exemplo das rãs e das cigarras, brincarão como os animais jovens brincam e farão amor como os animais adultos. Mas não se poderia dizer, então, que tudo isto «faz o homem *feliz*». Teria antes de se dizer que os animais pós-históricos da espécie *Homo sapiens* (que viverão na abundância e em plena segurança) estarão *contentes* em função do seu comportamento artístico, erótico e lúdico, dado que, por definição, eles se contentarão. (Kojève, 436)

O aniquilamento definitivo do homem em sentido estrito deve, porém, implicar necessariamente também o desaparecimento da linguagem humana, substituída por sinais sonoros ou mímicas comparáveis à linguagem das abelhas. Mas, neste caso, argumenta Kojève, a desaparecer estaria não somente a filosofia, ou seja, o amor pela sabedoria, mas a própria possibilidade de uma sabedoria enquanto tal.

Chegados a este ponto, a nota enuncia uma série de teses acerca do fim da história e do estado presente do mundo nas quais não é possível distinguir entre a absoluta seriedade e uma igualmente absoluta ironia. Ficamos assim a saber que, nos anos imediatamente posteriores à redação da primeira nota (1946), o autor compreendeu que o «fim hegeliano-marxista da história» não era um acontecimento futuro, mas algo já realizado. Depois da batalha de Iena, a vanguarda da humanidade alcançou virtualmente o término da evolução histórica do homem. Tudo quanto se seguiu – incluindo as duas guerras mundiais, o nazismo e a sovietização da Rússia – não representa senão um processo de aceleração determinado a alinhar o resto do mundo pela posição dos países europeus mais avançados. Agora, contudo, repetidas viagens aos Estados Unidos e à Rússia soviética, efectuadas entre 1948 e 1958 (isto é, quando Kojève era já um alto funcionário do governo francês), convenceram-no de que, na via de realização da condição pós-histórica, «russos e chineses mais não são que americanos ainda pobres, aliás em vias de rápido enriquecimento», enquanto os Estados Unidos já atingiram o «estado final do "comunismo marxista"» (Kojève, 436-37). Daí a conclusão de que

> o *American way of life* é o género de vida próprio do período pós-histórico e a presença atual dos Estados Unidos no Mundo antecipa o futuro «eterno presente» da inteira humanidade. O regresso do homem à animalidade aparece então não já como uma possibilidade futura, mas como uma certeza já presente. (*ibid.*, 437)

Em 1959, porém, uma viagem ao Japão determina uma ulterior mudança de perspectiva. No Japão, Kojève pôde observar com os seus olhos uma sociedade que, mesmo vivendo na condição de pós-história, não cessou por isso de ser «humana»:

> A civilização japonesa «pós-histórica» meteu-se por uma via diametralmente oposta à americana. É certo que no Japão já não existem Religião, Moral ou Política no sentido «europeu» ou «histórico» dos termos. Mas o *Snobismo* em estado puro produziu ali disciplinas que negam o dado «natural» e «animal» que superaram em muito em eficácia aquelas que

no Japão, como em qualquer lado, nasciam da Ação «histórica», isto é, das Lutas guerreiras e revolucionárias ou do Trabalho forçado. É certo que expoentes (em lado nenhum superados) do Snobismo especificamente japonês como o Teatro Nô, a cerimónia do chá ou a arte dos ramos de flores foram e permanecem ainda apanágio exclusivo dos nobres e dos ricos. Todavia, apesar das persistentes desigualdades económicas e sociais, todos os japoneses sem exceção são atualmente capazes de viver em função de valores totalmente *formalizados*, quer dizer, completamente esvaziados de qualquer conteúdo «humano» no sentido «histórico». Assim, no limite, cada japonês é em princípio capaz de proceder, por puro snobismo, a um suicídio perfeitamente «gratuito» (a clássica espada do samurai podendo ser substituída por um avião ou por um torpedo), que nada tem que ver com o *arriscar* da vida no decurso de uma Luta levada a cabo em função de valores «históricos» com um conteúdo social ou político. O que deixa supor que a interação recentemente iniciada entre o Japão e o Mundo ocidental se concluirá, no fim de contas, não numa barbarização dos japoneses, mas numa «japonização» dos ocidentais (russos incluídos). Ora, visto que nenhum animal pode ser snobe, todo o período pós-histórico «japonizado» será especificamente humano. Não haverá então «aniquilamento definitivo do Homem propriamente dito» enquanto houver animais da espécie *Homo sapiens* capazes de servir de suporte «natural» para o que há de humano nos homens. (Kojève, 437)

O tom de farsa que Bataille reprovava ao mestre, a cada vez que este tentava descrever a condição pós-histórica, atinge nesta nota o seu apogeu. Não só o *American way of life* é equiparado a uma vida animal como a sobrevivência do homem à história na forma do snobismo japonês se assemelha a uma versão mais elegante (ainda que, se calhar, paródica) daquela «negatividade sem emprego» que Bataille tentava definir no seu modo certamente mais ingénuo, e que aos olhos de Kojève deveria parecer de mau gosto.

Procuremos refletir sobre as implicações teóricas desta figura pós-histórica do humano. Antes de mais, a sobrevivência da humanidade ao seu drama histórico parece insinuar – entre a história e o seu fim – uma margem de ultra-história que lembra o reino messiânico de mil anos que, tanto na tradição judaica como na cristã, se instaurará na terra entre o último acontecimento messiânico e a vida eterna (o que não surpreende num pensador que tinha dedicado o seu primeiro trabalho à filosofia de Solov'ëv, impregnada de motivos messiânicos e escatológicos). Mas o decisivo é que, nesta franja de ultra-história, o permanecer humano do homem supõe a sobrevivência dos animais da espécie *Homo sapiens* que devem servir--lhe de suporte. Na leitura hegeliana de Kojève, o homem não é, de facto, uma espécie biologicamente definida nem uma substância dada por acabada: é, sobretudo, um campo de tensões dialéticas sempre já talhado por cesuras que nele separam, a cada vez – pelo menos virtualmente –, a animalidade «antropófora» e a humanidade que nesta se incarna. O homem existe historicamente apenas nesta tensão: pode ser humano somente na medida em que transcende e transforma o animal antropóforo que o sustém, apenas porque através da ação que nega é capaz de dominar e eventualmente destruir a sua própria animalidade (é neste sentido que Kojève pode escrever que o «homem é uma doença mortal do animal»: 554).

Mas que é feito da animalidade do homem na pós-história? Que relação há entre o snobe japonês e o seu corpo animal, e entre este e a criatura acéfala entrevista por Bataille? Por outro lado, na relação entre o homem e o animal antropóforo, Kojève privilegia o aspecto da negação e da morte e parece não ver o processo pelo qual, na modernidade, o homem (ou o Estado por ele) começa, ao invés, a cuidar da própria vida animal e a vida natural torna-se antes o que está em jogo naquilo a que Foucault chamou o biopoder. Talvez o corpo do animal antropóforo (o corpo do servo) seja o resto não resolvido que o idealismo deixa em herança ao pensamento e as aporias da filosofia no nosso tempo coincidam com as aporias deste corpo irredutivelmente tenso e dividido entre animalidade e humanidade.

4.

Mysterium disiunctionis

Para quem empreenda uma pesquisa genealógica sobre o conceito de «vida» na nossa cultura, uma das primeiras e mais instrutivas observações é o facto de este nunca aparecer definido enquanto tal. O que assim permanece indeterminado surge, porém, a cada vez, articulado e dividido através de uma série de oposições e de cesuras que o investem de uma função estratégica decisiva em âmbitos aparentemente tão distantes como a filosofia, a teologia, a política e, apenas mais tarde, a medicina e a biologia. Tudo se passa, então, como se, na nossa cultura, a vida fosse *aquilo que não pode ser definido, mas que, precisamente por isso, deve ser incessantemente articulado e dividido*.

Na história da filosofia ocidental, esta articulação estratégica do conceito de vida tem um ponto crítico. Trata-se de quando, no *De anima*, Aristóteles isola, de entre os vários modos nos quais o termo «viver» se diz, um mais geral e dos demais separável:

> É através do viver que o animal se distingue do inanimado. Viver diz-se, no entanto, de muitos modos, e desde que um

destes subsista, diremos que a coisa vive: o pensamento, a sensação, o movimento e o repouso de acordo com o lugar, o movimento de acordo com a nutrição, a destruição e o crescimento. Por isto, também todas as espécies vegetais parecem viver. É evidente, de facto, que os vegetais têm, em si mesmos, um princípio e uma potência tais que, através destes, crescem e destroem-se tomando direções opostas [...] Este princípio pode ser separado dos outros, mas os outros não podem sê-lo nos mortais. O que é evidente nas plantas: nestas não há outra potência que não a alma. É então através deste princípio que o viver pertence aos viventes [...] Chamamos potência nutritiva [*threptikón*] a esta parte da alma da qual até os vegetais participam. (Aristóteles, 413a, 20 – 413b, 8)

É importante realçar que Aristóteles não define de modo algum o que seja a vida: limita-se a decompô-la a partir do isolamento da função nutritiva, para depois voltar a articulá-la numa série de potências ou faculdades distintas e correlatas (nutrição, sensação, pensamento). Vemos aqui em ação aquele princípio do fundamento que constitui o dispositivo estratégico por excelência do pensamento de Aristóteles. Este consiste em reformular cada questão sobre «o que é?» como uma pergunta sobre «através de que coisa [*dia ti*] algo pertence a outra coisa?». Perguntar por que um certo ser é dito vivo significa procurar o fundamento através do qual o viver pertence a este ser. Acontece, então, que, de entre os vários modos nos quais o viver se diz, um se separa dos outros e se aprofunda para se tornar o princípio através do qual a vida pode ser atribuída a um certo ser. Por outras palavras, o que foi separado e dividido (neste caso, a vida nutritiva) é precisamente o que permite construir – numa espécie de *divide et impera* – a unidade da vida como articulação hierárquica de uma série de faculdades e oposições funcionais.

O isolar da vida nutritiva (a que já os comentadores antigos chamavam vegetativa) constitui um acontecimento a todos os títulos fundamental para a ciência ocidental. Quando, muitos séculos depois, Bichat, nas suas *Recherches physiologiques sur la vie et la mort*, fizer a distinção entre «vida animal», definida pela relação a um mundo exterior, e uma «vida orgânica», que mais não é que uma «sucessão habitual de assimilações e excreções» (Bichat, 61), é ainda a vida nutritiva de Aristóteles que traça o fundo obscuro sobre o qual se destaca a vida dos animais superiores. De acordo com Bichat, é como se em cada organismo superior convivessem dois «animais»: *l'animal existant au-dedans*, cuja vida – que Bichat define como «orgânica» – não é senão a repetição de uma série de funções, por assim dizer, cegas e desprovidas de consciência (circulação do sangue, respiração, assimilação, excreção, etc.); e *l'animal vivant au-dehors*, cuja vida – a única que, para Bichat, merece o nome de «animal» – é definida através da relação com o mundo exterior. No homem, estes dois animais coabitam, mas não coincidem: a vida orgânica do animal-de-dentro começa no feto antes da vida animal e, no envelhecimento e na agonia, sobrevive à morte do animal-de-fora.

É escusado relembrar a importância estratégica que a identificação deste descolar entre funções da vida vegetativa e funções da vida de relação teve na história da medicina moderna. Os sucessos da cirurgia moderna e da anestesia, aliás, baseiam-se precisamente na possibilidade de dividir e, juntamente, articular os dois animais de Bichat. E quando, como nos mostrou Foucault, o Estado moderno, a partir do século XVII, começa a incluir entre as suas competências essenciais o tratamento da vida das populações e transforma assim a sua política em biopoder, será sobretudo através de uma progressiva generalização e redefinição do conceito de vida vegetativa (que coincide agora com o património biológico da nação) que realizará a sua nova vocação. E, ainda hoje, nas discussões sobre a definição *ex lege* dos critérios da morte clínica, é uma identificação ulterior desta vida nua – desprovida de qualquer atividade cerebral e, por assim dizer, de qualquer sujeito – a decidir se um certo corpo pode ser considerado vivo ou deve ser abandonado à extrema peripécia dos transplantes.

A divisão da vida em vida vegetal e vida de relação, orgânica e animal, animal e humana passa agora sobretudo no interior do vivente homem como uma fronteira móvel e, sem esta íntima cesura, não seria provavelmente possível a própria decisão acerca do que é humano e do que o não é. É apenas porque algo como uma vida animal foi separada no interior do homem, apenas porque a distância e a proximidade com o animal foram medidas e reconhecidas, sobretudo no mais íntimo e próximo, que é possível opor o homem aos outros seres vivos e, juntamente, organizar a complexa – e nem sempre edificante – economia das relações entre os homens e os animais.

Mas, se isto é verdade, se a cesura entre o humano e o animal passa sobretudo no interior do homem, então é a própria questão do homem – e do «humanismo» – que deve ser posta de um novo modo. Na nossa cultura, o homem foi sempre pensado enquanto articulação e conjunção de um corpo e de uma alma, de um vivente e de um *logos*, de um elemento natural (ou animal) e de um elemento sobrenatural, social ou divino. Devemos, pelo contrário, aprender a pensar o homem como aquilo que resulta da desconexão destes dois elementos e investigar não o mistério metafísico da conjunção, mas aquele prático e político da separação. O que é o homem, se este é sempre o lugar – e, simultaneamente, o resultado – de divisões e cesuras incessantes? Trabalhar sobre estas divisões, interrogarmo-nos sobre o modo como – no homem – o homem foi separado do não-homem e o animal do humano, é mais urgente do que tomar posição sobre as grandes questões, sobre os supostos valores e direitos humanos. E talvez até a esfera iluminada das relações com o divino dependa, de algum modo, daquela – mais obscura – que nos separa do animal.

5.

Fisiologia dos bem-aventurados

> Que é este paraíso, senão a taberna de
> uma incessante comezaina e o prostíbulo
> de perpétuas indecências?
> Guilherme de Paris

A leitura dos tratados medievais sobre a integridade e qualidade do corpo dos ressurrectos é, deste ponto de vista, particularmente instrutiva. O problema que os Padres deveriam enfrentar era, acima de tudo, o da identidade entre o corpo ressurrecto e o que tinha calhado ao homem em vida. A identidade parecia, de facto, implicar que toda a matéria que tinha pertencido ao corpo do morto devesse ressuscitar e retomar o seu lugar no organismo bem-aventurado. Mas aqui, precisamente, começavam as dificuldades. Se, por exemplo, a um ladrão – mais tarde arrependido e redimido – tinha sido amputada uma mão, deveria esta reunir-se ao corpo no momento da ressurreição? E a costela de Adão – pergunta Tomás de Aquino

– da qual foi formado o corpo de Eva, ressuscitará neste ou no de Adão? Por outro lado, segundo a ciência medieval, a comida transforma-se em carne viva através da digestão; no caso de um antropófago, que se tenha alimentado de outros corpos humanos, tal deveria implicar que, na ressurreição, uma mesma matéria deveria ser reintegrada em mais indivíduos. E que dizer dos cabelos e das unhas? E do esperma, do suor, do leite, da urina e das outras secreções? Se os intestinos ressuscitam – argumenta um teólogo – devem ressuscitar vazios ou cheios. Se cheios, tal significa que também a imundície ressuscitará; se vazios, ter-se-á então um órgão já sem nenhuma função natural.

O problema da identidade e integridade do corpo ressurrecto cedo se transforma no da fisiologia da vida bem-aventurada. Como deverão ser concebidas as funções vitais do corpo paradisíaco? Para se orientarem num terreno tão acidentado, os Padres dispunham de um útil paradigma: o corpo edénico de Adão e Eva antes da queda. «A plantação de Deus nas delícias da bem-aventurada e eterna felicidade – escreve Escoto Erígena – é a própria natureza humana criada à imagem de Deus» (Escoto Erígena, 822). A fisiologia do corpo bem-aventurado podia apresentar-se, nesta perspectiva, como uma restauração do corpo edénico, arquétipo da natureza humana não corrompida. Todavia, tal acarretava consequências que os Padres não se sentiam capazes de aceitar por inteiro. Claro que, como tinha explicado Agostinho, a sexualidade de Adão antes da queda não se assemelhava à nossa, dado que as suas partes sexuais podiam mexer-se voluntariamente tal como as mãos ou os pés, de modo que a união sexual podia acontecer sem necessidade de qualquer estímulo de concupiscência. E a alimentação adâmica era infinitamente mais nobre que a nossa, porque consistia somente nos frutos das árvores paradisíacas. Mas, ainda assim, como conceber o uso das partes sexuais – ou sequer da comida – por parte dos bem-aventurados?

Se se admitia, com efeito, que os ressurrectos utilizariam a sexualidade para se reproduzir e a comida para se alimentar, isso implicava que o número e a forma corpórea dos homens tivesse crescido ou mudado permanentemente e que houvesse incontáveis bem-aventurados que não tivessem vivido antes da ressurreição e cuja humanidade era pois impossível de definir. As duas principais funções da vida animal – a nutrição e a geração – estão destinadas à conservação do indivíduo e da espécie; mas, após a ressurreição, o género humano teria atingido um número preestabelecido e, na ausência da morte, as duas funções seriam totalmente inúteis. Aliás, se os ressurrectos tivessem continuado a comer e a reproduzir-se, o Paraíso não seria suficientemente grande para caberem todos, nem sequer para acolher os seus excrementos, o que justifica a irónica invectiva de Guilherme de Paris: *maledicta Paradisus in qua tantum cacatur!*([3])

Havia, contudo, uma doutrina mais insidiosa que sustentava que os ressurrectos utilizariam o sexo e a comida não para a conservação do indivíduo ou da espécie, mas – dado que a beatitude consiste na perfeita operação da natureza humana – com vista a que no Paraíso todos os homens fossem bem-aventurados, tanto segundo as potências corpóreas como segundo as espirituais. Contra estes heréticos – que ele assimila aos maometanos e aos judeus –, Tomás

---

([3]) Maldito Paraíso em que tanto se caga! *(N. T.)*

de Aquino, nas questões *De resurrectione* anexas à *Summa Theologica*, reafirma com firmeza a exclusão do Paraíso dos *usus venereorum et ciborum*. A ressurreição – explica-nos – é destinada não à perfeição da vida natural e do homem, mas apenas a essa última perfeição que é a vida contemplativa.

> Todas as operações naturais que dizem respeito ao alcançar e à conservação da primeira perfeição da natureza humana não existirão depois da ressurreição [...] E como comer, beber, dormir e gerar pertencem à primeira perfeição da natureza, estas cessarão nos ressurrectos. (Tomás de Aquino 1955, 151-52)

O mesmo autor que pouco antes afirmara que o pecado do homem em nada tinha alterado a natureza e condição dos animais proclama agora sem reservas que a vida animal está excluída do paraíso, que a vida bem-aventurada não é, em caso algum, uma vida animal. Consequentemente, também as plantas e os animais não encontrarão lugar no paraíso, «corromper-se-ão segundo o todo e segundo a parte» (*ibid.*). No corpo dos ressurrectos, as funções animais permanecerão «ociosas e vácuas» exatamente como, de acordo com a teologia medieval, depois da expulsão de Adão e Eva, o Éden permanece vazio de toda a vida humana. Nem toda a carne será salva e, na fisiologia dos bem-aventurados, a *oikonomía* divina da salvação deixa um resto irredimível.

6.
Cognitio experimentalis

Podemos agora avançar algumas hipóteses provisórias sobre as razões que tornam tão enigmática a representação dos justos com cabeça de animal na iluminura da Ambrosiana. O fim messiânico da história ou o cumprimento da *oikonomía* divina da salvação definem um limiar crítico no qual a diferença entre o animal e o humano, tão decisiva para a nossa cultura, ameaça anular-se. A relação entre o homem e o animal delimita, com efeito, um âmbito essencial no qual a investigação histórica deve necessariamente confrontar-se com aquela margem de ultra-história a que se não pode aceder sem envolver a filosofia primeira. Como se a determinação da fronteira entre o humano e o animal não fosse uma questão entre outras que filósofos e teólogos, cientistas e políticos discutem, mas uma operação metafísico-política fundamental em que apenas algo como um «homem» pode ser decidido e produzido. Se vida animal e vida humana se sobrepusessem perfeitamente, nem o homem nem o animal – e talvez nem sequer o divino – seriam ainda pensáveis.

Por isso, o atingir da pós-história implica necessariamente a reatualização do limiar pré-histórico no qual aquela fronteira foi definida. O Paraíso revoga o Éden.

Numa passagem da *Summa* que tem por sugestivo título *Utrum Adam in statu innocentiae animalibus dominaretur*([4]), Tomás de Aquino parece por um instante avizinhar-se ao centro do problema, evocando uma «experiência cognitiva» que teria o seu lugar na relação entre o homem e o animal.

> No estado de inocência – escreve ele – os homens não tinham precisão dos animais para uma necessidade corpórea. Nem para se cobrir, porque não se envergonhavam da sua nudez, dado que não havia neles movimento algum de desordenada concupiscência; nem para comer, pois retiravam o seu alimento das árvores do Éden; nem como meio de transporte, dada a robustez dos seus corpos. Contudo, deles precisaram para extrair da sua natureza um conhecimento experimental [*Indigebant tamen eis ad experimentalem cognitionem sumendam da naturis eorum*]. E isto é indicado pelo facto de Deus ter conduzido os animais perante Adão para que lhes atribuísse um nome que designasse a sua natureza. (Tomás de Aquino 1963, 193)

O que está em jogo nesta *cognitio experimentalis* é o que devemos procurar aferir. Quiçá não apenas a teologia e a filosofia, mas também a política, a ética e a jurisprudência se encontram tensas e suspensas na diferença entre o homem e o animal. A experiência cognitiva que está em causa nesta diferença concerne, em última análise, a natureza

---

([4]) *Se Adão no estado de inocência tinha domínio sobre os animais.* (N. T.)

do homem – mais exatamente, a produção e a definição desta natureza; é uma experiência *de hominis natura*. Quando a diferença se anula e os dois termos colapsam um no outro – como parece acontecer hoje –, também a diferença entre o ser e o nada, o lícito e o ilícito, o divino e o demoníaco, valem menos e, em seu lugar, aparece algo para o qual até os nomes parecem faltar-nos. Talvez mesmo os campos de concentração e de extermínio sejam uma experiência deste género, uma tentativa extrema e monstruosa de decidir entre o humano e o inumano, que acabou por envolver na sua ruína a própria possibilidade da distinção.

7.

Taxonomias

Cartesius certe non vidit simios.

Lineu

Lineu, o fundador da taxonomia científica moderna, tinha um fraquinho por macacos. É provável que houvesse tido ocasião de os observar de perto durante a sua temporada de estudo em Amesterdão, à época, um importante centro de comércio de animais exóticos. Mais tarde, regressado à Suécia e tornado médico principal da corte, reuniu em Uppsala um pequeno zoo que compreendia macacos de várias espécies, entre os quais, diz-se, tinha predileção por uma macaca de Gibraltar de nome Diana. Que os símios, como os outros *bruta*, se distinguissem substancialmente do homem por serem desprovidos de alma não era algo que concedesse facilmente aos teólogos. Uma nota no *Systema naturae* liquida a teoria cartesiana que concebia os animais como *automata mechanica* com a entediada afirmação: «evidentemente, Descartes nunca viu um macaco». Num escrito posterior com o título de *Menniskans Cousiner*, primos do homem, ele explica quão árduo é identificar, do ponto de vista das ciências da natureza, a diferença específica entre os macacos antropomorfos e o homem. Não que não discernisse a clara diferença que separa o homem da besta no plano moral e religioso:

> o homem é o animal que o Criador achou digno de honrar com uma mente tão maravilhosa e quis adoptar como seu preferido, reservando-lhe uma existência mais nobre; Deus, por fim, enviou à Terra o seu único filho para salvá-lo. (Lineu 1955, 4)

Mas tudo isto, concluía,

> pertence a um outro foro; no meu laboratório, devo limitar-me como o sapateiro à sua banca de trabalho e considerar o homem e o seu corpo como um naturalista que não consegue encontrar outro carácter que o distinga dos macacos se não o facto destes últimos terem um espaço vazio entre os caninos e os outros dentes. (*ibid.*)

O gesto peremptório com que, no *Systema naturae*, inscreve *Homo* na ordem dos *Antropomorpha* (que, depois da décima edição em 1758, se passarão a chamar *Primates*), ao lado dos *Simia*, *Lemur* e *Vespertilio* (morcego), não deve assim surpreender. De resto, malgrado as polémicas que o seu gesto não deixou de suscitar, a coisa andava de certo modo no ar. Já em 1693, John Ray tinha distinguido de entre os quadrúpedes o grupo dos *Antropomorpha*, os «semelhantes ao homem». Em geral, no Antigo Regime, os limites do humano são bem mais incertos e flutuantes do que parecerão no século XIX, após o desenvolvimento das ciências humanas. A linguagem, que se tornaria a marca identificadora por excelência do homem, excedia até ao século XVIII as ordens e as classes, por se suspeitar de que também os pássaros falassem. Uma testemunha certamente respeitável como John Locke refere, como coisa mais ou menos certa, a história do papagaio do príncipe de Nassau que era capaz de manter uma conversa e de responder a questões «como uma criatura razoável». Mesmo a demarcação física entre o homem e as outras espécies acarretava zonas de indiferença nas quais não era possível estabelecer identidades precisas. Uma obra científica séria como a *Ichthiologia* de Peter Artedi (1738) enumerava ainda a sereia ao lado das focas e dos leões do mar e o próprio Lineu, no seu *Pan Europaeus*, classifica a sereia – que o anatomista dinamarquês Caspar Bartholin chamava *Homo marinus* – junto do homem e do macaco. Por outro lado, também a fronteira entre os macacos antropomórficos e certas populações primitivas era tudo menos clara. A primeira descrição de um orangotango feita pelo médico Nicolas Tulp, em 1641, enfatiza os aspectos humanos deste *Homo sylvestris* (tal é o significado da expressão malaia *orang-utan*); e será preciso esperar pela dissertação *Orang-Outang, sive Homo Sylvestris, or, the Anatomy of a Pygmie* (1699) de Edward Tyson para que a diferença física entre o macaco e o homem assente pela primeira vez nas bases sólidas da anatomia comparada. Apesar de esta obra ser considerada uma espécie de incunábulo da primatologia, a criatura a que Tyson chama «pigmeu» (que quarenta e oito caracteres distinguem anatomicamente do homem e trinta e quatro do macaco) representa para ele, todavia, uma espécie de «animal intermédio» entre o macaco e o homem, situando-se relativamente a este numa posição simetricamente oposta à do anjo.

O animal de que forneci a anatomia – escreve Tyson na dedicatória a Lorde Falconer – é o mais próximo da humanidade e parece constituir o nexo entre o animal e o racional, tal como Sua Senhoria e os do seu escalão se aproximam por conhecimento e sabedoria àquele género de criaturas que é o mais próximo acima de nós.

E basta uma olhadela ao título completo da dissertação para nos darmos conta de como os limites do humano se encontravam ainda ameaçados não apenas por animais reais, mas também por criaturas da mitologia: *Orang-Outang, sive Homo Sylvestris, or, the Anatomy of a Pygmie Compared with that of a Monkey, an Ape, and a Man, to which is Added, a Philological Essay Concerning the Pygmies, the Cynocephali, the Satyrs and Sphinges of the Ancients: Wherein it Will Appear that They are Either Apes or Monkeys, and not Men, as Formerly Pretended.*

Na verdade, o génio de Lineu não consiste tanto na determinação com que inscreve o homem entre os primatas, mas na ironia com que não regista ao lado do nome genérico *Homo* – ao contrário do que fez com as outras espécies – nenhuma marca identificadora específica a não ser o velho adágio filosófico: *nosce te ipsum*[5]. Mesmo quando, na décima edição, a denominação com-

---

[5] Conhece-te a ti mesmo. *(N. T.)*

pleta se torna *Homo sapiens*, o novo epíteto não representa, claramente, uma descrição, mas é apenas uma simplificação daquele adágio, que, de resto, mantém o seu lugar ao lado do termo *Homo*. Vale a pena refletir sobre esta anomalia taxonómica que inscreve como diferença específica não um dado, mas um imperativo.

Uma análise do *Introitus* que abre o *Systema* não deixa dúvidas quanto ao sentido que Lineu atribuía à sua máxima: o homem não tem nenhuma identidade específica, senão a de *poder* reconhecer-se. Mas definir o humano não através de uma *nota characteristica*, mas através do conhecimento de si, significa que é homem aquele que se reconheça como tal, que *o homem é o animal que deve reconhecer-se como humano para sê-lo*. No momento do seu nascimento, escreve efetivamente Lineu, a natureza lançou o homem «nu sobre a terra nua», incapaz de conhecer, de falar, de caminhar, de se alimentar caso nada lhe seja ensinado (*Nudus in nuda terra... cui scire nichil sine doctrina; non fari, non ingredi, non vesci, non aliud naturae sponte*). Ele torna-se si mesmo apenas se se eleva acima do homem (*o quam contempta res est homo, nisi supra humana se erexerit*: Lineu 1735, 6).

Numa carta a um crítico, Johann Georg Gmelin, que lhe objectava que, no *Systema*, o homem parece ter sido criado à imagem do macaco, Lineu responde apelando ao sentido da sua máxima: «E todavia o homem reconhece-se a si mesmo. Talvez devesse retirar essas palavras. Mas peço a vós e ao mundo inteiro que me indiquem uma diferença genérica entre o macaco e o homem que seja conforme à história natural. Eu não conheço nenhuma» (Gmelin, 55). As anotações para a resposta a um outro crítico, Theodor Klein, mostram até que ponto Lineu estava disposto a carregar na ironia implícita na fórmula *Homo sapiens*. Aqueles que, como Klein, não se reconhecem na posição que o *Systema* atribuiu ao homem, deveriam aplicar a si próprios o *nosce te ipsum*: não se tendo sabido reconhecer enquanto homens, tinham-se incluído entre os macacos.

Homo sapiens não é, portanto, nem uma substância nem uma espécie claramente definida: é antes uma máquina ou um artifício para produzir o reconhecimento do humano. De acordo com o gosto da época, a máquina antropogénica (ou antropológica, como lhe podemos chamar retomando uma expressão de Furio Jesi) é uma máquina óptica (tal como, segundo os estudos mais recentes, o aparelho descrito no *Leviathan*, de cuja introdução talvez Lineu tenha retirado a sua máxima: *nosce te ipsum, read thy self,* como Hobbes traduz este *saying not of late understood*) constituída por uma série de espelhos nos quais o homem, olhando-se, vê a própria imagem sempre já deformada com feições de macaco. *Homo* é um animal constitutivamente «antropomorfo» (isto é, «semelhante ao homem», segundo o termo que Lineu usa constantemente até à décima edição do *Systema*), que deve, para ser humano, reconhecer-se num não-homem.

Na iconografia medieval, o macaco tem na mão um espelho no qual o homem pecador deve reconhecer-se como *simia dei*. Na máquina óptica de Lineu, aquele que recusa reconhecer-se como macaco torna-se um: parafraseando Pascal, *qui fait l'homme, fait le singe*. Por isso, no fim da introdução ao *Systema*, Lineu, que definiu *Homo* como o animal que é apenas se ele próprio reconhece não ser, deve suportar que macacões em trajes de críticos lhe subam aos ombros para com ele gozarem: *ideoque ringentium Satyrorum cachinnos, meisque humeris insilientium cercopithecorum exsultationes sustinui*([6]).

([6]) Eis porque suportei a irrisão no riso de sátiros rosnantes e a exultação de macacos subindo aos meus ombros. *(N. T.)*

8.

Sem escalão

A máquina antropológica do humanismo é um dispositivo irónico que verifica a ausência de uma natureza própria para *Homo* – mantendo-o suspenso entre uma natureza celeste e uma terrena, entre o animal e o humano – e, por conseguinte, o seu ser sempre menos e mais do que si próprio. Isto é evidente nesse «manifesto do humanismo» que é o discurso de Pico della Mirandola, que inapropriadamente se continua a chamar *de hominis dignitate*([7]) ainda que não contenha – nem poderia, em caso algum, referir-se ao homem – o termo *dignitas*, que significa simplesmente «escalão». O paradigma que apresenta é tudo menos edificante. A tese central do discurso é, com efeito, a de que o homem, tendo sido moldado quando todos os modelos da criação se encontravam esgotados (*iam plena omnia* [*scil. archetipa*]; *omnia summis, mediis infimisque ordinibus fuerant distributa*), não pode ter nem arquétipo nem lugar próprio (*certam sedem*) nem

---

([7]) *Discurso sobre a Dignidade do Homem.* (N. T.)

escalão específico (*nec munus ullum peculiare*: Pico della Mirandola, 102). Aliás, como a sua criação se deu sem um modelo definido (*indiscretae opus imaginis*), ele nem tem propriamente uma face (*nec propriam faciem*: *ibid.*) e deve moldá-la à sua vontade em forma bestial ou divina (*tui ipsius quasi arbitrarius honorariusque plastes et fictor, in quam malueris tute formam effingas. Poteris in inferiora quae sunt bruta degenerare; poteris in superiora quae sunt divina ex tui animi sententia regenerari*)[8] (Pico della Mirandola, 102--04). Nesta definição através de uma ausência de rosto está a funcionar a mesma máquina irónica que três séculos mais tarde levará Lineu a classificar o homem entre os *Anthropomorpha*, entre os animais «semelhantes ao homem». Porquanto não tem essência nem vocação específica, *Homo* é constitutivamente não-humano, podendo receber todas as naturezas e todas as faces (*Nascent homini omnifaria semina et omnigenae vitae germina indidit Pater*: *ibid.*, 104) e Pico della Mirandola pode sublinhar-lhe ironicamente a inconsistência e a inclassificabilidade, definindo-o como «o nosso camaleão» (*Quis hunc nostrum chamaeleonta non admiretur?*: *ibid.*). A descoberta humanística do homem é a descoberta da sua falta a si mesmo, da sua irremediável ausência de *dignitas*.

A esta fugacidade e inumanidade do humano corresponde, em Lineu, a inscrição na espécie *Homo sapiens* da enigmática variante *Homo ferus*, que parece desmentir ponto por ponto os caracteres do mais nobre dos primatas: é *tetrapus* (caminha com quatro patas), *mutus* (despro-

---

[8] Como o livre e extraordinário criador e modelador de ti próprio, podes moldar-te na forma que preferires. Podes degenerar nas coisas baixas, que são brutas; podes regenerar, seguindo a decisão da tua alma, nas coisas elevadas, que são divinas. (*N. T.*)

vido de linguagem), *hirsutus* (coberto de pelos). A lista que aparece na edição de 1758 especifica-lhe a identidade civil: trata-se dos *enfants sauvages* ou crianças-lobo, de que o *Systema* regista cinco aparecimentos em menos de quinze anos: o jovem de Hannover (1724), os dois *pueri pyrenaici* (1719), a *puella transisalana* (1717), a *puella campanica* (1731). No momento em que as ciências do homem começam a delinear os contornos da sua *facies*, os *enfant sauvages*, que aparecem cada vez com mais frequência nos limites das cidades da Europa, são os mensageiros da inumanidade do homem, as testemunhas da sua frágil identidade e da falta de um rosto próprio. E a paixão com que os homens do Antigo Regime, diante destes seres mudos e incertos, procuram neles reconhecer-se e «humanizá-los» mostra até que ponto estavam conscientes da precariedade do humano. Como escreve Lorde Monboddo no prefácio da versão inglesa da *Histoire d'une jeune fille sauvage, trouvée dans le bois à l'âge de dix ans*, eles sabiam perfeitamente que «a razão e a sensibilidade animal, por muito distintas que as possamos imaginar, prolongam-se uma na outra por meio de transições tão imperceptíveis que é mais difícil traçar a linha que as separa do que a que distingue o animal do vegetal» (Hecquet, 6). Os traços do rosto humano são – por pouco tempo ainda – tão indecisos e aleatórios que estão sempre prestes a desfazer-se e a anular-se como os de um ser momentâneo: «Quem sabe – escreve Diderot no *Rêve de d'Alembert* – se este bípede deformado, de apenas quatro pés de altura, que pelas vizinhanças do Polo ainda se chama homem, e que não tardaria a perder esse nome caso se deformasse um pouco mais, não é a imagem de uma espécie passageira?» (Diderot, 130).

9.

Máquina antropológica

> *Homo alalus primigenius Haeckelii...*(⁹)
> Hans Vaihinger

Em 1899, Ernest Haeckel, professor na Universidade de Iena, publica, na editora Kröner de Estugarda, *Die Welträtsel*, os «enigmas do mundo», que, contra todo o dualismo e metafísica, pretendia reconciliar a investigação filosófica da verdade com os progressos das ciências naturais. Apesar do carácter técnico e da amplitude dos problemas tratados, o livro superou em poucos anos os cento e cinquenta mil exemplares e tornou-se uma espécie de evangelho do progressismo científico. O título continha mais do que uma alusão irónica ao discurso que Emil Du Bois-Reymond havia feito alguns anos antes na Academia das Ciências de Berlim, no qual o célebre cientista tinha inventariado os sete «enigmas do mundo», declarando

---

(⁹) O primogénito de Haeckel, o homem sem fala... *(N. T.)*

três deles «transcendentes e insolúveis», três solúveis mas ainda não resolvidos, e um incerto. No quinto capítulo do seu livro, Haeckel, que sustenta ter excluído os três primeiros enigmas através da própria doutrina da substância, concentra-se no «problema dos problemas» que é a origem do homem, e que de certa maneira reúne em si os três problemas solúveis mas ainda não resolvidos de Du Bois-Reymond. Também desta vez sustenta ter definitivamente resolvido a questão através de um desenvolvimento radical e coerente do evolucionismo darwiniano.

Já Thomas Huxley, explica ele, tinha mostrado como a «teoria da descendência do homem do macaco era uma consequência necessária do darwinismo» (Haeckel, 37); mas precisamente esta certeza impunha a difícil tarefa de reconstruir a história evolutiva do homem tendo por base tanto os resultados da anatomia comparada como os achados da pesquisa antropológica. A esta tarefa Haeckel havia já dedicado, em 1874, a sua *Anthropogenie*, na qual reconstruía a história do homem desde os peixes do Siluriano aos macacos-homem ou Antropomorfos do Miocénico. Mas o seu contributo específico – de que fica razoavelmente orgulhoso – é o de ter colocado a hipótese, como forma de passagem dos macacos antropomorfos (ou macacos-homem) ao homem, de um ser particular a que chama «homem-macaco» (*Affenmensch*) ou, enquanto desprovido de linguagem, *Pithecanthropus alalus*:

> Dos Placentários no início do Terciário (Eocénico) derivam os primeiros antepassados dos Primatas, os semi-macacos, a partir dos quais, no Miocénico, se desenvolveram os macacos propriamente ditos, mais especificamente, dos Catarrinos derivam primeiro os macacos-cães, os Cinópitecos, e

depois os macacos-homem ou Antropomorfos. De um ramo destes últimos deriva, no curso do Pliocénico, o homem-macaco desprovido de linguagem: *Pithecanthropus alalus* – e deste, finalmente, o homem falante. (*ibid.*)

A existência deste pitecantropo ou homem-macaco, que em 1874 era simplesmente uma hipótese, torna-se realidade quando, em 1891, um médico militar holandês, Eugen Dubois, encontra na ilha de Java um pedaço de crânio e um fémur similar ao do homem atual e, para grande satisfação de Haeckel – de quem era, para mais, leitor entusiasta –, batiza o ser a que tinham pertencido de *Pithecanthropus erectus*. «É este – afirma Haeckel peremptoriamente – o tão procurado *missing link*, o suposto elo ausente da cadeia evolutiva dos primatas, que se desenvolve sem interrupções das macacas Catarrinas inferiores até ao homem altamente desenvolvido» (*ibid.*, 39).

A ideia deste *sprachloser Urmensch* – como Haeckel igualmente o define – acarretava, porém, aporias de que não se parece dar minimamente conta. A passagem do animal ao homem, apesar da ênfase colocada na anatomia comparada e nos achados paleontológicos, era produzida, na verdade, pela subtração de um elemento que não tinha que ver nem com a primeira nem com os segundos, e que era, ao invés, pressuposto como marca identificadora do humano: a linguagem. Identificando-se com esta, o homem falante põe fora de si, como já e ainda não humano, o próprio mutismo.

Coube em sorte a um linguista, Heymann Steinthal – que era também um dos últimos representantes daquela *Wissenschaft des Judentums*([10]) que tinha tentado aplicar os

---

([10]) Ciência do Judaísmo. *(N. T.)*

métodos da ciência moderna ao estudo do judaísmo –, pôr a nu a aporia implícita na doutrina haeckeliana do *Homo alalus* e, generalizando, na que podemos chamar de máquina antropológica dos modernos. Nas suas investigações sobre a origem da linguagem, Steinthal tinha avançado por conta própria, vários anos antes de Haeckel, a ideia de um estádio pré-linguístico da humanidade. Tentou imaginar uma fase da vida perceptiva do homem em que a linguagem não havia ainda aparecido e tinha-a comparado com a vida perceptiva do animal; procurou então mostrar de que modo a linguagem podia brotar da vida perceptiva do homem e não da do animal. Mas precisamente aqui surgia uma aporia de que só se viria a dar plenamente conta alguns anos depois:

> Comparámos – escrevia ele – este estádio puramente hipotético da alma humana com a animal, e encontrámos no primeiro, em geral e sob cada aspecto, um excesso de força. Concordámos posteriormente que a alma humana aplicasse este excesso na criação da linguagem. Pudemos assim mostrar por que é que a linguagem se originaria a partir da alma humana e das suas percepções e não da do animal [...] Mas na nossa descrição da alma humana e da animal precisámos de prescindir da linguagem, cuja possibilidade se estava exatamente a provar. Deveria antes de tudo ter sido mostrado de onde vinha a força graças à qual a alma forma a linguagem; esta força capaz de criar a linguagem não poderia obviamente provir da linguagem. Por isso inventámos um estádio do homem precedente à linguagem. Mas isto é somente uma ficção: a linguagem é, de facto, tão necessária e natural ao ser humano que, sem ela, o homem não pode existir nem ser pensado como existente. Ou o homem

tem a linguagem, ou então pura e simplesmente não é. Por outro lado – e precisamente isto justifica a ficção –, a linguagem não pode ser considerada como já inscrita na alma humana; ela é, acima de tudo, uma produção do homem, mesmo que ainda não plenamente consciente. É um estádio do desenvolvimento da alma e requer uma dedução dos estádios precedentes. Com ela começa a verdadeira e específica atividade humana: ela é a ponte que conduz do reino animal ao humano [...] Mas quisemos explicar através de uma comparação do animal com o homem-animal por que apenas a alma humana constrói esta ponte, por que só o homem e não o animal progride através da linguagem da animalidade até à humanidade. Esta comparação mostra-nos que o homem, tal como o devemos imaginar, isto é, sem linguagem, é um homem-animal [*Tiermenschen*] e não um animal humano [*Menschentier*]; é, assim, sempre e já uma espécie de homem e não uma espécie de animal. (Steinthal 1881, 355-56)

O que demarca o homem do animal é a linguagem, mas esta não é um dado natural já inscrito na estrutura psicofísica do homem, mas sim uma produção histórica que, como tal, não pode ser precisamente atribuída nem ao animal nem ao homem. Ao subtrair este elemento, a diferença entre o homem e o animal anula-se, a menos que se imagine um *homem* não falante – *Homo alalus*, justamente – que deveria funcionar como ponte entre o animal e o humano. Mas isto é, claramente, apenas uma sombra trazida pela linguagem, uma pré-suposição do homem falante pela qual obtemos ainda e sempre uma animalização do homem (um homem-animal, como o homem-macaco de Haeckel) ou uma humanização do animal. O homem-animal e o animal-homem são as duas faces de uma mesma fratura que não pode ser colmatada nem de uma parte nem da outra.

Regressando quatro anos depois à sua teoria, após ter tido conhecimento das teses de Darwin e de Haeckel agora no centro do debate científico e filosófico, Steinthal dá-se plenamente conta da contradição implícita na sua hipótese. O que tinha tentado compreender era por que é que apenas o homem, e não o animal, cria a linguagem; mas isso equivalia a compreender de que modo o homem se origina a partir do animal. E precisamente aqui se produzia a contradição:

> O estádio pré-linguístico da intuição pode ser apenas um e não duplo, não pode ser diferente para o animal e para o homem. Se fosse diferente, se o homem fosse, pelo contrário, naturalmente superior ao macaco, então a origem do homem não coincidiria com a origem da linguagem, mas antes com a origem da sua forma superior de intuição a partir daquela inferior do animal. Sem me dar conta, eu pressupunha esta origem: o homem com as suas características humanas era-me dado, na verdade, pela criação e eu procurava então descobrir a origem da linguagem no homem. Mas, deste modo, contradisse a minha premissa: que, assim, origem da linguagem e origem do homem fossem a mesma coisa; punha primeiro o homem e deixava-o depois produzir a linguagem. (Steinthal 1877, 303)

A contradição que Steinthal daqui retira é a mesma que define a máquina antropológica que – nas suas duas variantes, antiga e moderna – está em ação na nossa cultura. Enquanto nela está em jogo a produção do humano através da oposição homem/animal, humano/inumano, a máquina funciona necessariamente através de uma exclusão (que é já, ainda e sempre, uma captura) e de uma inclusão (que é já, ainda e sempre, uma exclusão). Precisamente porque, de facto, o humano está, à partida, já pressuposto, a máquina produz, na realidade, uma espécie de estado de exceção, uma zona de indeterminação na qual o fora não é senão a exclusão de um dentro e o dentro, por sua vez, apenas a inclusão de um fora.

Vejamos a máquina antropológica dos modernos. Esta funciona – vimo-lo – excluindo de si como não (ainda) humano um já humano, isto é, animalizando o humano, isolando o não-humano no homem: *Homo alalus*, ou o homem-macaco. E basta avançar o nosso campo de investigação algumas décadas e, em vez deste inócuo achado paleontológico, teremos o judeu, ou seja, o não-homem produzido no homem, ou o *néomort* e o ultracomatoso, ou seja, o animal isolado no próprio corpo humano.

Perfeitamente simétrico é o funcionamento da máquina dos antigos. Se, na máquina dos modernos, o fora é produzido através da exclusão de um dentro e o inumano animalizando o humano, aqui, o dentro é obtido através da inclusão de um fora, o não-homem através da humanização de um animal: o macaco-homem, o *enfant sauvage* ou *Homo ferus*, mas também, e sobretudo, o escravo, o bárbaro, o estrangeiro como figuras de um animal em forma humana.

Ambas as máquinas podem apenas funcionar instituindo no seu centro uma zona de indiferença na qual deve acontecer – como um *missing link* sempre ausente porque já virtualmente presente – a articulação entre o humano e o animal, o homem e o não-homem, o falante e o vivente. Como qualquer espaço de exceção, esta zona está, na verdade, perfeitamente vazia, e o verdadeiramente humano que aí deveria acontecer é tão somente o lugar de uma decisão incessantemente atualizada, em que as cesuras e a sua rearticulação são sempre de novo des-locadas e movidas. Aquilo que deveria assim ser obtido não é, afinal, nem uma vida animal nem uma vida humana, mas apenas uma vida separada e excluída de si mesma – tão somente uma *vida nua*.

E perante esta figura extrema do humano e do inumano, não se trata tanto de perguntar qual das duas máquinas (ou das duas variantes da mesma máquina) é melhor ou mais eficaz – ou, antes, menos sangrenta e letal –, quanto compreender o seu funcionamento para poder, eventualmente, pará-las.

10.
Umwelt

> Nenhum animal pode entrar em relação
> com um objecto enquanto tal.
> Jakob von Uexküll

É uma sorte o barão Jakob von Uexküll, hoje considerado um dos máximos zoólogos do século XX e um dos fundadores da ecologia, ter-se arruinado na primeira guerra mundial. Antes desta, como livre investigador primeiro em Heidelberg e, depois, perto da Estação Zoológica de Nápoles, tinha já adquirido uma discreta reputação científica através das suas pesquisas sobre a fisiologia e o sistema nervoso dos invertebrados. Mas, uma vez privado do seu património familiar, foi obrigado a abandonar o sol meridional (apesar de ter mantido uma casa em Capri, onde viria a morrer em 1944 e onde em 1926 Walter Benjamin viria a alojar-se por alguns meses) e a integrar-se na Universidade de Hamburgo, onde fundou o Institut für Umweltforschung, que lhe traria a celebridade.

As investigações de Uexküll sobre o ambiente animal são contemporâneas tanto da física quântica como das vanguardas artísticas. Tal como estas, exprimem o abandono sem reservas de qualquer perspectiva antropocêntrica nas ciências da vida e a radical desumanização das imagens da natureza (não deve surpreender, portanto, que exercessem uma forte influência quer sobre o filósofo do século XX que mais se esforçou por separar o homem do vivente – Heidegger – quer sobre aquele – Gilles Deleuze – que procurou pensar o animal de modo absolutamente não antropomórfico). Onde a ciência clássica via um único mundo, que compreendia dentro de si todas as espécies vivas hierarquicamente ordenadas, das formas mais elementares até aos organismos superiores, Uexküll estabelece, ao invés, uma infinita variedade de mundos perceptivos, todos igualmente imperfeitos e ligados entre si como numa gigantesca partitura musical e, todavia, incomunicantes e reciprocamente exclusivos, em cujo centro estão pequenos seres familiares e, ao mesmo tempo, distantes que se chamam *Echinus esculentus*, *Amoeba terricola*, *Rhizostoma pulmo*, *Sipunculus*, *Anemonia sulcata*, *Ixodes ricinus*, etc. Por isso, Uexküll define como «passeios em mundos incognoscíveis» as suas reconstruções do ambiente do ouriço-do-mar, da amiba, da alforreca, da minhoca-do-mar, da anémona-do-mar, da carraça – estes os seus nomes comuns – e de outros minúsculos organismos que privilegia porque a sua unidade funcional com o ambiente aparenta ser muito longínqua da do homem e dos animais chamados superiores.

Imaginamos com demasiada frequência – afirma – que as relações que um determinado sujeito animal entretém com as coisas do seu ambiente têm lugar no mesmo espaço e no mesmo tempo que aquelas que nos unem aos objetos do nosso mundo humano. Esta ilusão assenta sobre o credo num mundo único em que se situariam todos os seres vivos. Uexküll mostra que um tal mundo unitário não existe, tal como também não existe um tempo e um espaço igual para todos os viventes. A abelha, a libélula ou a mosca que observamos a voar ao nosso lado num dia de sol não se movem no mesmo mundo em que as observamos nem compartilham connosco – ou entre elas – o mesmo tempo e o mesmo espaço.

Uexküll começa por distinguir com cuidado o *Umgebung*, o espaço objectivo no qual vemos um ser vivo mover-se, do *Umwelt*, o mundo-ambiente que é constituído por uma série mais ou menos ampla de elementos a que chama «portadores de significado» (*Bedeutungsträger*) ou «marcas» (*Merkmalträger*), que são os únicos que interessam ao animal. O *Umgebung* é, na realidade, o nosso próprio *Umwelt*, a que Uexküll não atribui nenhum privilégio particular e que, como tal, pode também variar de acordo com o ponto de vista de onde o observamos. Não existe uma floresta enquanto ambiente objectivamente determinado: existe uma floresta-para-o-guarda-florestal, uma floresta-para-o-caçador, uma floresta-para-o-botânico, uma floresta-para-o-viajante, uma floresta-para-o-amigo-da-natureza, uma floresta-para-o-lenhador e, enfim, uma floresta de contos na qual se perde o Capuchinho Vermelho. Até um detalhe mínimo – por exemplo, a haste de uma flor do campo – considerado como portador de significado constitui, a cada vez, um elemento diferente de um ambiente diferente, dependendo, por exemplo, de que se o observe no ambiente de uma rapariga que colhe flores para fazer um raminho pregado ao seu vestido, no da formiga que dele se serve como trajeto ideal para alcançar o seu alimento no cálice das flores, no da larva da cigarra que lhe perfura o canal medular, utilizando-o assim como uma bomba para construir as partes fluidas do seu casulo aéreo e, por fim, no da vaca que simplesmente o mastiga e engole para se alimentar.

Cada ambiente é uma unidade fechada sobre si mesma, que resulta do destaque seletivo de uma série de elementos ou de «marcas» no *Umgebung* que, por sua vez, não é senão o ambiente do homem. A primeira tarefa do investigador que observa um animal é reconhecer os portadores de significado que constituem o seu ambiente. Estes não estão, porém, objectiva e facticiamente isolados, mas constituem uma estreita unidade funcional – ou, como Uexküll prefere dizer, musical – com os órgãos receptores do animal destinados a percepcionar a marca (*Merkorgan*) e a reagir-lhe (*Wirkorgan*). Tudo acontece como se o portador do significado externo e o seu receptor no corpo do animal constituíssem dois elementos de uma mesma partitura musical, quase duas notas do «teclado em que a natureza executa a sinfonia supratemporal e extra-espacial da significação», sem que seja possível dizer como é que dois elementos tão heterogéneos tenham podido estar tão intimamente ligados.

Considere-se, nesta perspectiva, uma teia de aranha. A aranha nada sabe da mosca nem pode tirar-lhe as medidas como faz uma modista antes de fazer um vestido para a sua cliente. E, no entanto, ela determina a amplitude das malhas da sua teia de acordo com as dimensões do corpo da mosca e confere a resistência dos fios à proporção exata da força de embate do corpo da mosca em voo. Além disso, os fios radiais são mais sólidos do que os circulares porque estes – que, ao contrário daqueles, são recobertos por um líquido viscoso – devem ser bastante elásticos para poder aprisionar a mosca e impedi-la de voar. Quanto aos fios radiais, estes são lisos e secos porque a aranha deles se serve como um atalho para cair sobre a sua presa e envolvê-la definitivamente na sua invisível prisão. O facto mais surpreendente é, na verdade, que os fios da teia estejam exatamente proporcionados à capacidade de visão do olho da mosca, que não pode vê-los e voa por isso em direção à morte sem se aperceber. Os dois mundos perceptivos da mosca e da aranha são absolutamente incomunicantes e, contudo, tão perfeitamente em acordo que se diria que a partitura original da mosca, a que se pode igualmente chamar a sua imagem originária ou o seu arquétipo, age sobre a da aranha de tal modo que a teia que esta tece pode ser qualificada de «mosqueira». Se bem que a aranha não possa de modo algum ver o *Umwelt* da mosca (Uexküll afirma, formulando um princípio que viria a ter sucesso, que «nenhum animal pode entrar em relação com um objecto enquanto tal», mas apenas com os portadores de significado próprios), a teia exprime a paradoxal coincidência desta cegueira recíproca.

Às investigações do fundador da ecologia advêm por pouco anos as de Paul Vidal de la Blache sobre as relações entre a população e o seu ambiente (o *Tableau de la géographie de la France* é de 1903) e as de Friedrich Ratzel sobre o *Lebensraum*, o «espaço vital» dos povos (a *Politische Geographie* é de 1897), que viriam a revolucionar profundamente a geografia humana do século XX. E não se pode excluir que a tese central de *Sein und Zeit* sobre o ser-no-mundo (*in-der-Welt-sein*) como estrutura humana fundamental possa ser lida, de algum maneira, como uma resposta a todo este contexto problemático que, no início do século, modifica de forma essencial a relação tradicional entre o vivente e o seu mundo-ambiente. Como é sabido, a tese de Ratzel segundo a qual cada povo está intimamente associado ao seu espaço vital como sua dimensão essencial exerceu uma notável influência na geopolítica do nazismo. Esta proximidade é assinalada na biografia intelectual de Uexküll com um episódio curioso. Em 1928, cinco anos antes do advento do nazismo, este cientista tão sóbrio escreve um prefácio aos *Grundlagen des neunzehnten Jahrhunderts*([11]) de Houston Chamberlain, hoje considerado um dos precursores do nazismo.

([11]) *Os fundamentos do século XIX. (N. T.)*

11.

Carraça

O animal tem memória, mas nenhuma recordação.
Heymann Steinthal

Os livros de Uexküll contêm por vezes ilustrações que procuram sugerir como se assemelharia um segmento do mundo humano visto do ponto de vista do ouriço-do--mar, da abelha, da mosca ou do cão. A experiência é útil pelo efeito de desorientação que produz no leitor, subitamente obrigado a contemplar com olhos não humanos os lugares que lhe são mais familiares. Mas nunca esta desorientação alcançou a força realista que Uexküll soube imprimir à sua descrição do ambiente da *Ixodes ricinus*, mais vulgarmente conhecida como carraça, que constitui certamente um apogeu do anti-humanismo moderno, para ler juntamente com *Ubu roi* e *Monsieur Teste*.

O exórdio apresenta tons idílicos:

> O habitante do campo que percorre frequentemente os bosques e a mata acompanhado do seu cão não pode deixar de tomar conhecimento de uma minúscula besta que, suspensa num galho, espera a sua presa, homem ou animal, para se deixar cair sobre a sua vítima e sorver o seu sangue […] No momento de sair do ovo, ainda não está completamente formada: faltam-lhe um par de pernas e os órgãos genitais. Mas já é capaz, neste estádio, de atacar os animais de sangue frio, como a lagartixa, instalando-se na ponta de um fio de erva. Depois de algumas mutações sucessivas, adquire os órgãos que lhe faltam e pode então dedicar-se à caça de animais de sangue quente. Quando a fêmea é fecundada, escala com as suas oito patas até à extremidade de um galho para se poder deixar cair da altura certa sobre pequenos mamíferos de passagem ou para investir contra animais de maior tamanho. (Uexküll, 85-86)

Tentemos imaginar, seguindo as indicações de Uexküll, a carraça suspensa no seu arbusto num belo dia de Verão, imersa na luz solar, rodeada de cores por todos os lados, pelo perfume de flores do campo, pelo zumbido das abelhas e de outros insectos, pelo canto dos pássaros. E, no entanto, o idílio já terminou, porque, de tudo isto, a carraça não percepciona absolutamente nada.

> Este animal é desprovido de olhos e encontra o seu lugar de emboscada graças somente à sensibilidade da sua pele à luz. Este salteador de estradas é completamente cego e surdo e apercebe-se do avizinhar da sua presa só através do cheiro. O odor do ácido butírico, que emana dos folículos sebáceos de todos os mamíferos, age sobre ele como um sinal que o leva a abandonar o seu lugar e a deixar-se cair

às cegas em direção à presa. Se a sorte o faz cair sobre algo quente (de que se apercebe graças a um órgão sensível a determinada temperatura), isso significa que alcançou o seu objectivo, o animal de sangue quente, e não tem então necessidade senão do seu sentido táctil para encontrar um lugar o mais possível desprovido de pelos e enfiar-se até à cabeça no tecido cutâneo do animal. Pode agora sugar lentamente um jorro de sangue quente. (*ibid*., 86-87)

Seria agora lícito esperar que a carraça adore o gosto do sangue ou que possua pelo menos um sentido para se aperceber do sabor. Mas não é assim. Uexküll informa-nos que experiências produzidas em laboratório, utilizando membranas artificiais cheias de líquidos de todo o tipo, mostram que a carraça é absolutamente desprovida do sentido do gosto: absorve avidamente qualquer líquido que tenha a temperatura certa, isto é, os trinta e sete graus correspondentes à temperatura do sangue dos mamíferos. Seja como for, o banquete de sangue da carraça é também o seu festim fúnebre, pois agora nada mais lhe resta para fazer senão deixar-se cair no solo, depositar os ovos e morrer.

O exemplo da carraça mostra com clareza a estrutura geral do ambiente própria a todos os animais. No caso particular, o *Umwelt* reduz-se a três únicos portadores de significado ou *Merkmalträger*: 1) o odor do ácido butírico contido no suor de todos os mamíferos; 2) a temperatura de trinta e sete graus correspondente à do sangue dos mamíferos; 3) a tipologia da pele própria aos mamíferos, em geral provida de pelos e irrigada por vasos sanguíneos. Mas a estes três elementos uniu-se ela imediatamente numa relação tão intensa e apaixonada como talvez nunca tenha sido dado a ver nas relações que ligam o homem ao seu mundo, aparentemente tão mais rico. A carraça *é* esta relação e não vive senão nela e por ela.

Só chegados a este ponto, todavia, é que Uexküll nos informa que, no laboratório de Rostock, uma carraça foi mantida viva por dezoito anos sem alimentação, ou seja, em condições de absoluto isolamento do seu ambiente. Para este facto singular não dá explicação alguma, limitando-se a supor que, naquele «período de espera», a carraça se encontrou «numa espécie de sono semelhante ao que nós experimentamos todas as noites». A não ser daí extrair depois a consequência que, «sem um sujeito vivo, o tempo não pode existir» (Uexküll, 98). Mas o que é feito da carraça e do seu mundo neste estado de suspensão que dura dezoito anos? Como é possível que um ser vivo, que consiste inteiramente na sua relação com o ambiente, possa sobreviver na sua absoluta privação? E que sentido pode ter falar de «espera» sem tempo e sem mundo?

12.

Pobreza de mundo

> O comportamento do animal nunca é um
> apreender algo enquanto algo.
>
> Martin Heidegger

No semestre de Inverno de 1929-30, Martin Heidegger intitula *Die Grundbegriffe der Metaphysik. Welt-Endlichkeit--Einsamkeit*([12]) o seu curso na Universidade de Friburgo. Em 1975, um ano antes da sua morte, ao dar ao texto do curso o visto para publicação (que viria a acontecer apenas em 1983, como o volume XXIX-XXX da *Gesamtausgabe*), inscreve, *in limine*, uma dedicatória a Eugen Fink, recordando que este «tinha repetidamente exprimido o desejo de que este curso fosse publicado antes de todos os outros». Da parte do autor, é certamente um modo discreto de sublinhar a importância que ele próprio atribui-

---

([12]) *Os conceitos fundamentais da metafísica. Mundo – Finitude – Solidão. (N.T.)*

ria – e ainda atribuía – àquelas lições. Que justifica, no plano da teoria, este privilégio cronológico? Por que idealmente precedem estas lições todas as outras – isto é, os quarenta e cinco volumes que, segundo o projeto da *Gesamtausgabe*, deveriam compilar os cursos de Heidegger?

A resposta não é certa, até porque o curso, pelo menos à primeira vista, não corresponde ao seu título e de modo nenhum se apresenta como uma introdução aos conceitos fundamentais de uma disciplina para mais tão especial como a «filosofia primeira». É inicialmente dedicado a uma extensa análise – cerca de duzentas páginas – do «tédio profundo» enquanto tonalidade emotiva fundamental, para depois imediatamente se debruçar numa investigação ainda mais extensa acerca da relação do animal com o seu ambiente e do homem com o seu mundo.

Com a relação entre «pobreza de mundo» (*Weltarmut*) do animal e homem «formador de mundo» (*weltbildend*), trata-se, para Heidegger, de situar a própria estrutura fundamental do *Dasein* – o ser-no-mundo – a respeito do animal e, deste modo, interrogar a origem e sentido dessa abertura produzida no ser vivo com o homem. Como se sabe, Heidegger rejeitou constantemente a tradicional definição metafísica do homem como *animal rationale*, o ser vivo que possui a linguagem (ou a razão), como se o ser do homem fosse determinável através do acréscimo de algo ao «simplesmente vivo». Nos parágrafos 10 e 12 de *Sein und Zeit*([13]), procura mostrar como a estrutura do ser-no-mundo própria do *Dasein* está sempre já pressuposta em qualquer concepção (seja filosófica ou científica)

([13]) *Ser e tempo.* (*N.T.*)

da vida, de modo que esta, na verdade, é sempre obtida «por via de uma interpretação privativa» a partir daquela.

A vida é um modo de ser particular, mas essencialmente acessível apenas no *Dasein*. A ontologia da vida obtém-se apenas por via de uma interpretação privativa; ela determina, nomeadamente, aquilo que deve ser, para que algo como um nada-mais-que-vida [*nur-noch-Leben*] possa ser. A vida não é um mero estar-disponível, nem sequer *Dasein*. O *Dasein*, por seu lado, nunca é determinável ontologicamente de forma a que se o considere, primeiro, como vida (ontologicamente indeterminada) e depois se lhe acrescente ainda algo. (Heidegger 1972, 87)

É este jogo metafísico de pressuposição e reenvio, privação e suplemento, entre o animal e o homem que as lições de 1929-30 reposicionam tematicamente em questão. O confronto com a biologia – que em *Sein und Zeit* fora liquidado em poucas linhas – é agora retomado, na tentativa de pensar de modo mais radical a relação entre o simplesmente vivo e o *Dasein*. Mas é precisamente aqui que o que está em jogo se revela decisivo, ao ponto de tornar compreensível a exigência de que estas lições fossem publicadas antes de todas as outras. Porque no abismo – e, simultaneamente, na singular proximidade – que a sóbria prosa do curso abre entre o animal e o humano, não é apenas a *animalitas* a perder toda a familiaridade e a apresentar-se como «aquilo que é mais difícil pensar»; também a *humanitas* aparece como algo inapreensível e ausente, suspensa como está entre um «não-poder-permanecer» e um «não-poder-abandonar-o-lugar».

O fio condutor da exposição de Heidegger é constituído pela tripla tese: «a pedra não tem mundo [*weltlos*], o animal é pobre de mundo [*weltarm*], o homem é formador de mundo [*weltbildend*]». Uma vez que a pedra (o não-vivo) – na medida em que carece de qualquer acesso possível ao que a circunda – é posta de parte de forma expedita, Heidegger pode começar a sua investigação com a tese intermédia, enfrentando imediatamente o problema acerca do que se deveria entender por «pobreza de mundo». A análise filosófica é aqui integralmente orientada pelas investigações da biologia e da zoologia contemporâneas, em particular as de Hans Driesch, de Karl von Baer, de Johannes Müller e, sobretudo, as do pupilo deste, Jakob von Uexküll. De facto, não só as investigações de Uexküll são explicitamente definidas como «a coisa mais frutuosa que a filosofia pode fazer sua da biologia hoje dominante» como a sua influência sobre os conceitos e terminologia das lições é ainda maior do que o próprio Heidegger reconhece, quando escreve que as palavras de que se serve para definir a pobreza de mundo do animal não exprimem nada de diferente do que Uexküll entende com os termos *Umwelt* e *Innenwelt* (Heidegger 1983, 383). Heidegger chama *das Enthemmende*, o desinibidor, ao que Uexküll definia como «portador de significado» (*Bedeutungsträger*, *Merkmalträger*) e *Enthemmungsring*, círculo desinibidor, ao que o zoólogo chamava *Umwelt*, ambiente. Ao *Wirkorgan* de Uexküll corresponde, em Heidegger, o *Fähigsein zu*, o ser-capaz-de..., que define o órgão por relação ao simples meio mecânico. O animal está fechado no círculo dos seus desinibidores precisamente como o está, de acordo com Uexküll, nos poucos elementos que definem o seu mundo perceptivo. Por isso, tal como em Uexküll, o animal, «se entra em relação com outro, pode encontrar apenas aquilo que incide sobre o ser-capaz e que assim o põe em movimento. Tudo o resto não está, *a priori*, em condições de penetrar no círculo do animal». (Heidegger 1983, 369)

Mas é na interpretação do relacionamento do animal com o seu círculo desinibidor e na investigação sobre o modo de ser deste relacionamento que Heidegger se afasta do seu modelo para elaborar uma estratégia em que a compreensão da «pobreza de mundo» e do mundo humano caminham a par e passo.

O modo de ser próprio do animal, que define o seu relacionamento com o desinibidor, é o aturdimento (*Benommenheit*)[14]. Heidegger joga aqui com uma repetida figura etimológica, o parentesco entre os termos *benommen* (atordoado, estonteado, mas também tolhido, impedido), *eingenommen* (apanhado dentro, absorvido) e *Benehmen* (comportamento), que remetem todos para o verbo *nehmen*, tomar (da raiz indo-europeia *nem, que significa compartir, dar em sorte, atribuir). Na medida em que está essencialmente aturdido e completamente absorvido no seu desinibidor, o animal não pode verdadeiramente agir (*handeln*) ou ter uma conduta (*sich verhalten*) em relação a ele: pode apenas comportar-se (*sich benehmen*).

---

[14] O autor traduz para italiano o termo alemão *Benommenheit* de Heidegger como *stordimento*. Neste sentido, decidimos traduzi-lo para português como *aturdimento* («que deriva de aturdir: atordoar; perturbar; intimidar; assombrar; maravilhar»), seguindo aliás uma indicação de Maria Lucília Marcos, no contexto de cujo seminário esta obra foi inicialmente traduzida e a quem agradecemos. Agradecemos igualmente a preciosa ajuda de Ana Falcato na tradução dos excertos de Heidegger. *(N.T.)*

O comportamento como modo de ser é em geral possível apenas em virtude do absorvimento [*Eingenommenheit*] do animal em si mesmo. Definimos com o termo aturdimento o estar-cerca-de si específico do animal, que nada tem que ver com a ipseidade [*Selbstheit*] do homem na sua conduta enquanto pessoa, como absorvimento em si do animal no qual são possíveis todos e quaisquer comportamentos. É somente por ser aturdido na sua essência que o animal se pode comportar [...] O aturdimento é a condição de possibilidade graças à qual o animal, de acordo com a sua essência, *se comporta num ambiente, mas nunca num mundo* [*in einer Umgebung sich benimmt, aber nie in einer Welt*]. (ibid., 347-48)

Como exemplo vivo do aturdimento, que nunca pode abrir-se a um mundo, Heiddeger refere a experiência (já descrita por Uexküll) em que uma abelha é posta num laboratório diante de um copinho de mel. Se, depois da abelha ter começado a sugar, se secciona o seu abdómem, ela continua tranquilamente a sugar enquanto se vê o mel escorrer para fora do abdómen aberto.

Isto mostra de maneira convincente que a abelha não constata de todo que há demasiado mel. Não constata nem isto nem – algo que seria ainda mais óbvio – a falta do seu abdómen. Pelo contrário, continua assim a sua atividade instintiva [*Treiben*], precisamente porque não constata que ainda há mel. Ou melhor, ela está simplesmente absorvida na comida. Este *estar absorvido* é possível apenas quando está presente uma instintiva «orientação para» [*treibhaftes Hin--zu*]. Este estar absorvido numa tal impulsão exclui ao mesmo tempo a possibilidade de constatar um estar-disponível [*Vorhandensein*]. É justamente o estar absorvido pela comida que impede o animal de se confrontar [*sich gegenüberstellen*] com ela. (Heidegger 1983, 352-53)

É neste momento que Heidegger se interroga sobre o carácter de abertura específico do aturdimento, começando assim também a esboçar como que o relevo negativo da relação entre o homem e o seu mundo. A que está aberta a abelha, o que conhece o animal quando entra num relacionamento com o seu desinibidor?
Continuando a jogar com os compostos do verbo *nehmen*, ele escreve que não temos aqui um apreender (*vernehmen*), mas somente um comportamento instintivo (*benehmen*), quando ao animal é subtraída (*genommen*) «a própria possibilidade de apreender algo enquanto algo, não apenas aqui e agora, mas subtraída no sentido de não ser de todo dada» (*ibid.*, 360). Se o animal está aturdido, é por esta possibilidade lhe ter sido radicalmente retirada:

> aturdimento [*Benommenheit*] do animal significa, então: essencial subtração [*Genommenheit*] de toda a apreensão de algo enquanto algo e consequentemente: enquanto subtração, um ser-absorvido [*Hingenommenheit*] por...; o aturdimento do animal significa então, antes de tudo, o modo de ser conforme ao qual, ao animal, no seu referir-se a algo de outro, é subtraída ou, como também se diz, retirada [*benommen*] a possibilidade de pôr-se em relação e de referir-se àquele, a este outro, enquanto este e este em geral, enquanto disponível, enquanto ente. É justamente por ao animal ser subtraída esta possibilidade de apreender enquanto algo aquilo a que se refere que ele pode estar absorvido no outro deste modo absoluto. (Heidegger 1983, 360)

Depois de ter assim introduzido o ser pela negativa – através da sua subtração – no ambiente do animal, Heidegger, em algumas das mais densas páginas do seu curso, procura posteriormente precisar o estatuto ontológico particular daquilo a que o animal se refere no aturdimento.

> No aturdimento, o ente não está revelado [*offenbar*], não está descoberto, mas, exatamente por isso, também *não está fechado*. O aturdimento está fora desta possibilidade. Não podemos dizer: o ente está fechado ao animal. Tal poderia dar-se somente se houvesse uma qualquer possibilidade, por mínima que fosse, de abertura. Mas o aturdimento do animal põe-no, ao invés, essencialmente fora da possibilidade de que o ente lhe seja descoberto ou fechado. Que o aturdimento seja a essência do animal significa: o animal, enquanto tal, não se encontra numa revelabilidade do ente. Nem o seu assim chamado ambiente nem ele próprio são revelados enquanto entes. (*ibid.*, 361)

Aqui, a dificuldade provém do facto de que o modo de ser que deve ser compreendido não está nem descoberto nem fechado, pelo que o estar em relacionamento com ele não é corretamente definível como uma verdadeira relação, como um ter que ver.

> Dado que, por causa do seu aturdimento e da totalidade das suas capacidades, o animal é impelido sem descanso a uma multiplicidade instintiva, falha fundamentalmente a possibilidade de entrar em relacionamento com o ente que ele próprio não é, tal como com o ente que ele próprio é. Em virtude deste ser impelido sem descanso, o animal encontra-se por assim dizer suspenso entre si próprio e o

ambiente, sem poder experimentar, enquanto ente, nem um nem outro. E, contudo, este não-ter a revelabilidade do ente é, ao mesmo tempo, enquanto subtração da revelabilidade, um ser-absorvido por... Devemos dizer então que o animal está em relacionamento com..., que o aturdimento e o comportamento mostram uma abertura a... A quê? Como caracterizar isto que, na abertura específica do ser--absorvido, choca de algum modo com o ser remetido do aturdimento instintivo? (*ibid.*)

A definição posterior do estatuto ontológico do desinibidor conduz ao centro da tese sobre a pobreza de mundo como característica essencial do animal. O não poder ter-que-ver não é meramente negativo: é, aliás, de certo modo, uma forma de abertura e, mais precisamente, uma abertura que nunca desvela, no entanto, o desinibidor como ente.

> Se o comportamento não é uma relação com o ente, é então um relacionamento com o nada? Não! Mas se não com o nada, então com alguma coisa, que deste modo deve assim *ser* e *é*. Certamente – mas a questão é precisamente a de saber se o comportamento não é afinal um relacionamento com..., de tal forma que aquilo a que o comportamento como não ter-que-ver se refere seja, para o animal, de certa maneira *aberto* [*offen*], o que porém não quer de todo dizer desvelado [*offenbar*] enquanto ente. (Heidegger 1983, 368)

O estatuto ontológico do ambiente animal pode ser assim definido: é *offen* (aberto), mas não *offenbar* (desvelado, *literal.*, passível de abertura). O ente, para o animal, é aberto mas não acessível; é aberto, assim numa inacessibilidade e numa opacidade – isto é, seja como for, numa não-relação. Esta *abertura sem desvelamento* define a pobreza de mundo do animal em comparação com a formação de mundo que caracteriza o humano. O animal não é simplesmente desprovido de mundo, uma vez que, enquanto está aberto no aturdimento, tem – ao contrário da pedra, desprovida de mundo – de lhe carecer, de lhe faltar (*entbehren*), podendo então ser definido no seu ser por uma pobreza e por uma falta:

> precisamente por, no seu aturdimento, o animal estabelecer relações com tudo aquilo que encontra no círculo de desinibição é que não se encontra no lado do homem e não tem mundo. Contudo, este não ter mundo também não remete – e por uma razão essencial – o animal para o lado da pedra. Com efeito, o ser-capaz instintivo do aturdimento absorvido, quer dizer, do estar absorvido pelo que desinibe, é um estar aberto a..., ainda que com o carácter de não-ter-que-ver. A pedra, por seu turno, nem sequer tem essa possibilidade. Com efeito, não ter-que-ver pressupõe um estar-aberto. O animal possui na sua essência este estar aberto. O estar aberto no aturdimento é um ter essencial ao animal. Em virtude deste ter, ele pode carecer [*entbehren*], ser pobre, ser determinado no seu ser pela pobreza. Este ter, certamente, *não é ter um mundo*, mas sim um estar absorvido no círculo de desinibição – é um *ter o desinibidor*. Mas dado que este ter é o estar aberto ao desinibidor e, contudo, a este estar aberto ser subtraída precisamente a possibilidade do ter revelado o desinibidor enquanto ente, então,

o ter do estar aberto é um não-ter e, mais precisamente, um não-ter um mundo, se é verdade que ao mundo pertence a revelabilidade do ente enquanto tal. (Heidegger 1983, 391-92)

13.

O aberto

> Nem a cotovia vê o aberto.
> Martin Heidegger

O que está em jogo no curso é a definição do conceito de «aberto» como um dos nomes, aliás, como o nome *kat'exochén* do ser e do mundo. Mais de dez anos depois, em plena guerra mundial, Heidegger regressa a este conceito e traça-lhe uma genealogia sumária. Que este provinha da oitava *Elegia de Duíno* era, em certo sentido, óbvio; mas, na sua assunção como nome do ser («o aberto em que todo o ente é liberado [...] é o próprio ser»: Heidegger 1993, 224), o termo rilkeano sofre uma inversão essencial que Heidegger procura sublinhar a todo custo. Na Oitava Elegia, com efeito, a ver o aberto «com todos os olhos» está o animal (*die Kreatur*), claramente contraposto ao homem, cujos olhos, ao invés, foram «revirados» e dispostos «como armadilhas» em seu redor. Enquanto o homem tem sempre diante de si o mundo, está sempre e somente «de frente» (*gegenüber*) e nunca acede ao «puro espaço» do exterior, o animal, pelo contrário, move-se no aberto, num «em lado nenhum sem não». É precisamente esta inversão da relação hierárquica entre o homem e o animal que Heidegger volta a pôr em questão. Primeiro que tudo, escreve, se se pensa o aberto como o nome daquilo que a filosofia pensou como *alḗtheia*, ou seja, como a ilatência-latência do ser, então não há aqui verdadeiramente uma inversão, uma vez que o aberto evocado por Rilke e o aberto que o pensamento de Heidegger procura restituir ao pensamento não têm nada em comum. «O aberto de que fala Rilke não é o aberto no sentido do desvelado. Rilke não sabe nem pressente nada da *alḗtheia*; não sabe nem dela pressente nada, tal como Nietzsche» (Heidegger 1993, 231). Tanto em Nietzsche como em Rilke está em ação aquele esquecimento do ser «que está na base do biologismo do século dezanove e da psicanálise», e cuja última consequência é «uma monstruosa antropomorfização do animal [...] e uma correspondente animalização do homem» (*ibid.*, 226). O aberto que nomeia o desvelamento do ser, só o homem, aliás, somente o olhar essencial do pensamento autêntico o pode ver. O animal, pelo contrário, nunca vê este aberto.

> É justamente por isso que ele não pode sequer mover-se no fechado enquanto tal e ainda menos reportar-se ao velado. O animal está excluído do âmbito essencial do conflito entre desvelamento e velamento, e o sinal de uma tal exclusão é o facto de nenhum animal nem nenhuma planta possuir a palavra. (*ibid.*, 237)

É neste momento que Heidegger – numa página extremamente densa – levanta explicitamente o problema da diferença entre ambiente animal e mundo humano, que estava no centro do curso de 1929-30:

> O animal está efetivamente em relação com o ambiente em que encontra alimento, com o seu território de caça e com o grupo dos seus semelhantes, e está-o de modo essencialmente diferente do da pedra relativamente ao terreno sobre o qual jaz. No círculo do vivente próprio da planta e do animal encontramos o movimentar-se característico de uma motilidade conforme à qual o vivente é estimulado, quer dizer, excitado a descobrir-se num âmbito de excitabilidade na base do qual inclui outras coisas no âmbito do seu movimentar-se. Mas nenhuma motilidade ou excitabilidade da planta ou do animal podem alguma vez levar o vivente ao liberto de tal forma que o excitado possa deixar ser o excitante, ainda que apenas aquilo que é enquanto excitante, para nem falar do que é antes do excitar e na ausência do excitar. Plantas e animais dependem de algo que lhes é externo, sem nunca «ver» nem o fora nem o dentro, ou seja, sem nunca ver de facto o seu ser desvelado no liberto do ser. Uma pedra (tal como um avião) nunca pode elevar-se exultando na direção do sol e movimentar-se como a cotovia, mesmo se nem a cotovia vê o aberto. (Heidegger 1993, 237-38)

A cotovia (símbolo, na nossa tradição poética, do impulso amoroso mais puro – pense-se na *lauzeta* de Bernart de Ventadorn) não vê o aberto, porque, no preciso momento em que se lança com o maior abandono na direção do sol, deixa de o ver, já não pode desvelá-lo enquanto ente, nem sequer reportar-se de algum modo ao seu velamento (exatamente como a carraça de Uexküll face aos seus desinibidores). E precisamente porque, na poesia de Rilke, a «fronteira essencial entre o enigma do vivente e o enigma do que é histórico» (*ibid.*, 239) não está nem experienciada nem tematizada, a palavra poética permanece assim aquém de uma «decisão capaz de fundar a história», constantemente exposta ao risco de uma «ilimitada e infundada antropomorfização do animal», que coloca este último, ainda para mais, acima do homem para dele fazer, num certo sentido, um «super-homem». (*ibid.*)

Se o problema é então o da definição da fronteira – ou seja, ao mesmo tempo, da separação e da proximidade – entre animal e humano, é talvez chegado o momento de tentar fixar o estatuto ontológico paradoxal do ambiente animal tal como aparece no curso de 1929-30. O animal é, simultaneamente, aberto e não aberto – ou melhor, não é nem uma coisa nem outra: está *aberto num não--desvelamento* que, por um lado, o aturde e desloca com veemência inaudita para o seu desinibidor e, por outro, de modo nenhum desvela como um ente aquilo que, ainda por cima, o tem tão cativado e absorvido. Heidegger parece aqui oscilar entre dois polos opostos que fazem de algum modo lembrar os paradoxos do conhecimento – ou melhor, do inconhecimento – místico. Por um lado, o aturdimento é uma abertura mais intensa e cativante do que qualquer conhecimento humano; por outro, enquanto não está em condições de desvelar o seu desinibidor, fica fechado numa opacidade total. Aturdimento animal e abertura de mundo parecem estar assim numa relação entre si como a teologia negativa e a teologia positiva, e a sua relação é tão ambígua como a que simultaneamente opõe e liga, numa secreta cumplicidade, a noite escura do místico e a claridade do conhecimento racional. E é talvez por uma tácita e irónica alusão a esta relação que Heidegger sente, a dada altura, a necessidade de ilustrar o aturdimento animal através de um dos mais antigos símbolos da *unio mystica*, a traça, que se deixa queimar pela chama que a atrai, que todavia lhe permanece obstinadamente desconhecida até ao fim. O símbolo mostra aqui a sua inadequação, uma vez que, segundo os zoólogos, aquilo a que, antes de tudo, a traça é cega consiste precisamente na não-abertura do desinibidor, o seu permanecer aturdida neste. Enquanto o conhecimento místico é essencialmente experiência de um inconhecimento e de um velamento enquanto tal, o animal não se pode reportar ao não aberto, permanece excluído mesmo do âmbito essencial do conflito entre desvelamento e velamento.

Todavia, a pobreza de mundo do animal reverte, por vezes, no curso, numa riqueza incomparável, e a tese de acordo com a qual o animal carece de mundo é reposta em questão como uma projeção indevida do mundo humano sobre o animal:

> A dificuldade do problema reside no facto de, nas nossas interrogações, termos de interpretar esta pobreza e este peculiar circundar do animal pondo a questão como se aquilo a que o animal se reporta fosse um ente e a relação, uma relação ontológica manifesta ao animal. O facto de que assim não seja limita-nos à tese de que *a essência da vida é acessível apenas sob a forma de uma observação destrutiva*, o que não quer dizer que a vida seja, comparada ao ser-aí humano, de menor valor, ou que esteja num nível inferior. Pelo contrário, a vida é um âmbito que tem a riqueza de estar aberto que talvez o mundo do homem não conheça de todo. (Heidegger 1983, 371-72)

Mas depois, quando parece que a tese devesse ser abandonada sem reservas e que ambiente animal e mundo humano parecem divergir numa heterogeneidade radical, Heidegger volta a sugeri-la através de um reenvio à célebre passagem da *Carta aos Romanos* 8, 19, na qual Paulo evoca a ansiosa expectativa da criatura pela redenção, num modo em que a pobreza de mundo do animal parece agora refletir «um problema interno à própria animalidade»:

> Devemos, então, deixar aberta a possibilidade que a compreensão autêntica e explicitamente metafísica da essência do mundo nos obrigue a compreender, apesar de tudo, o não ter mundo como um carecer, e a encontrar, no modo de ser do animal enquanto tal, um ser-pobre. Que a biologia não conheça semelhantes coisas nada prova contra a metafísica. Que talvez somente os poetas, de tempos a tempos, delas falem é um argumento que a metafísica não pode lançar ao vento. No fundo, não é necessária a fé cristã para compreender alguma coisa da palavra que Paulo (*Rom*. 8, 19) escreve acerca da *apokaradokía tēs ktíseōs*, da impaciente espera da criatura e da criação, cujas vias, como também diz o livro de *Esdras* 4, 7-12, se tornaram nestes *aion* estreitos, penosos e fatigantes. Mas nem sequer é necessário o pessimismo para poder desenvolver *a pobreza de mundo do animal como um problema interno à própria animalidade*. Com o estar aberto do animal ao que desinibe, o animal no seu aturdimento é colocado essencialmente fora num outro que, decerto, não pode ser-lhe desvelado nem enquanto ente nem enquanto não-ente, mas que, como o que desinibe [...] traz à essência do animal uma comoção essencial [*wesenhafte Erschütterung*] (Heidegger 1983, 395-396)

Como na Carta paulina a *apokaradokía* aproximava de súbito, na perspectiva da redenção messiânica, a criatura ao homem, também a comoção essencial que o animal experimenta no seu ser exposto num não-desvelamento encurta drasticamente as distâncias que o curso tinha assinalado entre o animal e o homem, entre abertura e não abertura. A pobreza de mundo – em que o animal sente de algum modo o seu não estar aberto – tem então a função estratégica de assegurar uma passagem entre o ambiente animal e o aberto, numa perspectiva em que o aturdimento como essência do animal «é de algum modo o pano de fundo apropriado sobre o qual se pode destacar a essência do homem» (*ibid.*, 408).

Neste momento, Heidegger pode evocar a exposição do tédio que o havia ocupado na primeira parte do curso e colocar inesperadamente em ressonância o aturdimento do animal e a *Stimmung* fundamental a que tinha chamado «tédio profundo» (*tiefe Langeweile*):

> Virá à luz como este estado de alma fundamental e tudo aquilo que o envolve são de descrever e distinguir em confronto com aquilo que afirmámos ser a essência da animalidade em relação ao aturdimento. Esta descrição será para nós ainda mais decisiva, porque precisamente a essência da animalidade, o aturdimento, encontra-se aparentemente numa vizinhança extrema daquilo que mencionámos como elemento característico do tédio profundo, e denominámos estar encantado-acorrentado [*gebannt sein*] do ser-aí ao interior do ente na sua totalidade. Naturalmente, virá à luz que esta vizinhança extrema das duas constituições essenciais é apenas enganadora, e que entre estas há um abismo que não pode ser superado por nenhuma mediação. Mas então

o próprio confronto entre as duas teses tornar-se-á subitamente muito claro, tal como a essência do mundo. (Heidegger 1983, 409)

O aturdimento apresenta-se aqui como uma espécie de *Stimmung* fundamental na qual o animal não se abre, como o *Dasein*, num mundo, mas, no entanto, se encontra extasiadamente tenso fora de si numa exposição que o sacode em todas as fibras do corpo. E a compreensão do mundo humano é possível apenas através da experiência de uma «vizinhança extrema» – mesmo que enganadora – a esta *exposição sem desvelamento*. Talvez não sejam o ser e o mundo humano a ter sido pressupostos, para depois se alcançar por via de subtrações – através de uma «observação destrutiva» – o animal; talvez seja verdade também e, mormente, o contrário, a saber, que a abertura do mundo humano – enquanto também, e acima de tudo, abertura ao conflito essencial entre desvelamento e velamento – apenas pode ser alcançada através de uma operação efectuada no não-aberto do mundo animal. E o lugar desta operação – em que a abertura humana num mundo e a animal ao desinibidor parecem por um momento tocar-se – é o tédio.

14.

Tédio profundo

> O tédio é o desejo de felicidade
> deixado em estado puro.
>
> Giacomo Leopardi

A exposição sobre o tédio ocupa os parágrafos 18-39 do curso (quase cento e oitenta páginas) e constitui, portanto, a análise mais extensa que Heidegger dedicou a uma *Stimmung* (em *Sein und Zeit*, a exposição da angústia ocupa apenas oito páginas). Após ter levantado o problema de como algo como um estado de alma deve ser, em geral, entendido – ou seja, como a maneira fundamental em que o ser está, a cada vez, já disposto e, portanto, como o modo mais originário em que nos encontramos a nós próprios e aos outros –, Heidegger articula a sua análise de acordo com as três formas ou graus em que o tédio se vai progressivamente intensificando até adquirir a figura que ele define como «tédio profundo» (*tiefe Langeweile*). Estas três formas convergem em duas características ou «momentos estruturais» (*Strukturmomente*) que definem, segundo Heidegger, a essência do tédio. O primeiro é o *Leergelassenheit*, o ser-deixado-vazio, o abandono no vazio. Heidegger começa com a descrição daquilo que deveria parecer, aos seus olhos, uma espécie de *locus classicus* da experiência do tédio.

> Encontramo-nos, por exemplo, numa insípida estação de uma perdida linha secundária de caminho de ferro. O próximo comboio chega dentro de quatro horas. A região é desprovida de atrativos. É verdade que temos o livro na mochila – ler, portanto? Não. Ou então refletir sobre uma questão, um problema? Não dá. Lemos os horários ou então estudamos a lista das várias distâncias desta estação a outros lugares igualmente desconhecidos. Olhamos para o relógio – passou apenas um quarto de hora. Saímos para a rua, para a estrada principal. Caminhamos para cima e para baixo para fazer alguma coisa. Mas de nada não serve. Contamos as árvores ao longo da estrada principal, olhamos novamente para o relógio: apenas cinco minutos desde a última vez que o consultámos. Fartos de andar para cima e para baixo, sentamo-nos numa pedra, desenhamos todo o tipo de figuras na areia, e surpreendemo-nos novamente a olhar para o relógio: passou uma meia hora... (Heidegger 1983, 140)

Os passatempos com que tentamos ocupar-nos testemunham do ser-deixado-vazio como experiência essencial do tédio. Se habitualmente estamos sempre ocupados com e nas coisas – aliás, precisa Heidegger, utilizando termos que antecipam aqueles que definirão o relacionamento do animal com o seu ambiente: «estamos absorvidos [*hingenommen*] pelas coisas, senão mesmo perdidos

nelas, muitas vezes até aturdidos [*benommen*] por elas»
(*ibid.*, 153) –, no tédio encontramo-nos de repente abandonados no vazio. Mas, neste vazio, as coisas não nos são simplesmente «retiradas e aniquiladas» (*ibid.*, 154); estão lá, mas «nada têm para nos oferecer», deixam-nos completamente indiferentes, de tal modo, aliás, que não podemos libertar-nos delas, dado que *estamos pregados e entregues ao que nos entedia*: «No ficar entediado com alguma coisa, estamos ainda retidos [*festgehalten*] pelo que é entediante, não o deixamos ir [*wir lassen es selbst noch nicht los*] ou estamos, por algum motivo, a ele constrangidos e vinculados» (*ibid.*, 138).

E é aqui que o tédio revela ser algo como a *Stimmung* fundamental e especificamente constitutiva do *Dasein*, a respeito da qual a angústia em *Sein und Zeit* não parece ser senão uma espécie de resposta ou retoma reativa. Na indiferença, com efeito,

> o ente na sua totalidade não desaparece, antes se mostra enquanto tal precisamente na sua indiferença. O vazio consiste aqui na indiferença que envolve o ente na sua totalidade [...] Isto significa que o ser-aí se encontra posto pelo tédio diante do ente na sua totalidade, uma vez que, nesta forma de tédio, o ente que nos circunda não oferece mais nenhuma possibilidade de fazer ou deixar de fazer. Este recusa-se na sua totalidade [*es versagt sich im Ganzen*] por relação a tais possibilidades. Recusa-se assim a um ser-aí que, enquanto tal, no meio deste ente na sua totalidade, se relaciona com ele – ele, ao ente enquanto tal que agora se nega; a um ser-aí que tem de se relacionar com ele, se deve ser aquilo que é. O ser-aí encontra-se assim entregue ao ente que se recusa na sua totalidade [*Das Dasein findet sich*

so ausgeliefert an das sich im Ganzen versagende Seiende]. (Heidegger 1983, 208-10)

Neste estar «entregue ao ente que se recusa» como primeiro momento essencial do tédio, revela-se então a estrutura constitutiva daquele ente – o *Dasein* – para o qual, no seu ser, o seu próprio ser está em causa. No tédio, o *Dasein* pode estar pregado ao ente que se lhe recusa na sua totalidade, uma vez que é constitutivamente «remetido [*überantwortet*] ao seu próprio ser», facticiamente «lançado» e «perdido» no mundo do qual cuida. Mas, precisamente por isso, o tédio traz à luz a proximidade inesperada do *Dasein* e do animal. *O «Dasein», entediando-se, é entregue (ausgeliefert) a algo que se lhe recusa, exatamente como o animal, no seu aturdimento, é exposto (hinausgesetzt) num não revelado.*

No ser deixado vazio pelo tédio profundo vibra assim algo como um eco daquela «comoção essencial» que advém ao animal do seu ser exposto e absorvido num «outro» que, no entanto, nunca se lhe revela como tal. Por isso, o homem que se entedia acaba por se encontrar numa «vizinhança extrema» – mesmo se aparente – ao aturdimento animal. Ambos estão, no seu gesto mais próprio, *abertos a um fechamento*, completamente entregues a algo que obstinadamente se recusa (e talvez, se for lícito tentar identificar algo como a *Stimmung* característica de cada pensador, seja este estar entregue a algo que se recusa que define a tonalidade emotiva específica do pensamento de Heidegger).

A análise do segundo «momento estrutural» do tédio profundo permite clarificar tanto a sua proximidade com o aturdimento animal como o passo posterior que o tédio dá em relação a ele. Este segundo momento estrutural (intimamente relacionado com o primeiro, o ser-deixado--vazio) é o ser-mantido-em-suspenso (*Hingehaltenheit*). O recusar-se do ente na sua totalidade que tinha lugar no primeiro momento torna, com efeito, de algum modo manifesto, por via da privação, aquilo que o *Dasein* teria podido fazer ou experienciar, ou seja: as suas possibilidades. Estas possibilidades estão agora diante dele na sua indiferença absoluta, ao mesmo tempo presentes e perfeitamente inacessíveis:

> O recusar-se fala destas possibilidades do ser-aí. Não fala delas, não abre sobre elas um debate, mas, recusando, indica-as e, na sua recusa, torna-as conhecidas [...] O ente na sua totalidade tornou-se indiferente. Mas não só: juntamente com isso mostra-se também algo de outro, ocorre o emergir das possibilidades que o ser-aí poderia ter, mas que, precisamente neste entediar-se, jazem inativas [*brachliegende*] e, enquanto inutilizadas, deixam-nos plantados. Em qualquer caso, vemos que na recusa está inscrito um reenvio a algo de outro. Este reenvio é o anúncio das possibilidades que jazem inativas. (Heidegger 1983, 212)

O verbo *brachliegen* – que traduzimos por «jazer inativo» – provém da linguagem da agricultura. *Brache* designa o pousio, isto é, o terreno que se deixa não trabalhado para aí se poder semear no ano seguinte. *Brackliegen* significa: deixar em pousio, ou seja: inativo, não cultivado. Mas, deste modo, revela-se igualmente o significado do ser-mantido-em-suspenso como segundo momento estrutural do tédio profundo. Mantidas em suspenso, jazendo inativas estão agora as possibilidades específicas do *Dasein*, o seu poder fazer isto ou aquilo. Mas este desativar das possibilidades concretas torna manifesto, pela primeira vez, aquilo que, em geral, torna possível (*das Ermöglichende*), a possibilidade pura – ou, como diz Heidegger – «a possibilitação originária» (*die ursprüngliche Ermöglichung*):

> Em questão, no ente que se recusa na sua totalidade, está o ser-aí como tal, isto é, o que faz parte do seu poder-ser enquanto tal, o que concerne a possibilidade de ser-aí enquanto tal. Mas o que concerne uma possibilidade enquanto tal é o *que a torna possível*, o que lhe concede enquanto possível a *possibilidade*. Este algo de extremo e de prévio, aquilo que torna possíveis todas as possibilidades do ser-aí enquanto possibilidade, este algo que traz o poder-ser do ser-aí, as suas possibilidades, está em questão no ente que se recusa na sua possibilidade. Mas isto significa que o ente que se nega na sua totalidade não anuncia quaisquer possibilidades de mim próprio, nada delas relata, mas antes, enquanto anúncio na recusa, é uma *proclamação* [*Ausrufen*], é o que torna autenticamente possível o ser-aí em mim. Esta proclamação das possibilidades como tais, que acompanha o recusar-se, não é um indicar [*Hinweisen*] indeterminado das inúmeras e mutáveis possibilidades do ser-aí, mas sim um puro e simples inequívoco chamar *aquilo que torna* possível, o qual traz e guia todas as possibilidades essenciais do ser-aí e para as quais, todavia, não temos aparentemente nenhum conteúdo, pelo que não podemos dizer o que seja da mesma maneira que indicamos coisas subsistentes e as definimos [...] Este indicar anunciante na direção do que torna autenticamente possível o ser-aí nas suas possibilidades é um *necessário estar constrangido* [*Hinzwingen*] *na ponta singular deste tornar possível originário* [...] Ao ficar plantado pelo

ente que se nega na sua totalidade pertence, simultaneamente, o estar-constrangido neste apogeu mais alto da possibilitação própria ao ser-aí enquanto tal. (Heidegger 1983, 215-16)

O ser-mantido-em-suspenso como segunda característica essencial do tédio profundo não é assim senão esta experiência do desvelar-se da possibilitação originária (ou seja, da potência pura) na suspensão e na subtração de todas as possibilidades específicas concretas.

O que aparece pela primeira vez como tal na desativação (no *Brachliegen*) da possibilidade é, então, a *própria origem da potência* – e, com isto, do *Dasein*, isto é, do ente que existe na forma do poder-ser. Mas esta potência ou possibilitação originária tem constitutivamente – precisamente por isso – a forma de uma potência-de-não, de uma impotência, na medida em que pode somente a partir de um *poder não*, de uma desativação das possibilidades factícias específicas singulares.

Assim, a proximidade – e simultaneamente a distância – entre o tédio profundo e o aturdimento animal vêm finalmente à luz do dia. No aturdimento, o animal estava em relação imediata com o seu desinibidor, exposto e desfalecido neste, de tal modo, porém, que este nunca se podia revelar enquanto tal. Aquilo de que o animal é incapaz é precisamente de suspender e desativar a sua relação com o círculo dos desinibidores específicos. O ambiente animal é constituído de tal modo que nunca algo como uma pura possibilidade se pode nele manifestar. O tédio profundo aparece então como o operador metafísico em que se processa a passagem da pobreza de mundo ao mundo, do ambiente animal ao mundo humano: está em questão, nele, nada menos que a antropogénese, o tornar-se *Da-sein* do vivente homem. Mas esta passagem, este *tornar-se-Dasein* do vivente homem (ou, como escreve Heidegger no curso, esta assunção, por parte do homem, do fardo que é, para ele, o *Dasein*), não abre para um espaço ulterior, mais amplo e luminoso, conquistado para lá dos limites do ambiente animal e sem relação com este: pelo contrário, é aberto apenas através de uma suspensão e de uma desativação do relacionamento do animal com o desinibidor. Nesta suspensão, neste quedar-inativo (*brachliegend*, em pousio) do desinibidor, o aturdimento do animal e o seu ser exposto num não revelado podem, pela primeira vez, ser compreendidos enquanto tais. O aberto, o liberto-do-ser, não nomeiam algo de radicalmente outro relativamente ao não-aberto-nem-fechado do ambiente animal: são o aparecer de um indesvelado enquanto tal, a suspensão e a captura do não-ver-a-cotovia-o-aberto. A pérola escondida no centro do mundo humano e da sua *Lichtung* não é senão o aturdimento animal; a maravilha «de o ente ser» não é senão a apreensão da «comoção essencial» que provém ao vivo do seu ser exposto numa não-revelação. A *Lichtung* é verdadeiramente, neste sentido, um *lucus a non lucendo*: a abertura que está nela em jogo é, essencialmente, a abertura a um fechamento e aquele que olha o aberto vê apenas um recobrir-se, apenas um não-ver.

No seu curso sobre Parménides, Heidegger insiste várias vezes sobre o primado da *léthē* relativamente à ilatência. A origem da latência (*Verborgenheit*) no que respeita à ilatência (*Unverborgenheit*) permanece, aliás, de tal modo sombria que poderia ser definida de algum modo como o segredo originário da ilatência: «Em primeiro lugar, pela palavra ilatência somos reenviados a algo como latência. O que na ilatência está previamente latente, quem esconde e como ocorre a latência, quando onde e para quem se dá a latência, tudo isto permanece indeterminado» (Heidegger 1993, 19). «Onde há latência, deve ocorrer ou ter ocorrido uma ilatência [...] Ora, porém, aquilo que os gregos experienciam e pensam quando, na ilatência, nomeiam também, a cada vez, a latência não é de todo claro» (*ibid.*, 22). Na perspectiva que tentámos aqui delinear, este segredo da ilatência deve ser desfeito no sentido de que a *léthlé* que reina no coração da *alétheia* – a não verdade que co-pertence originariamente à verdade – é o indesvelamento, o não aberto do animal. A luta irresolúvel entre ilatência e latência, desvelamento e velamento, que define o mundo humano é a luta intestina entre o homem e o animal.

Por isso, no centro da conferência *Was ist Metaphysik?* ([15]), pronunciada em Julho de 1929 – e, como tal, contemporânea da preparação do seu curso sobre os *Grundbegriffe der Metaphysik* –, está a co-pertença entre ser e nada. «Ser-aí significa: ser mantido em suspenso no nada [*Hineingehaltenheit*, praticamente a mesma palavra que define a segunda característica essencial do tédio]» (Heidegger 1967, 12). «O *Dasein* humano pode comportar-se [*verhalten*, o termo que define, no curso, a relação humana com o mundo, por oposição ao *sichbenehmen* do animal] relativamente ao ente apenas se se mantém em suspenso no nada» (*ibid.*, 18). A *Stimmung* da angústia aparece na con-

---

([15]) *O que é a metafísica?* (*N. T.*)

ferência (na qual o tédio não é nomeado) como a assunção daquela abertura originária que se produz somente através da «clara noite do nada» (*ibid.*, 11). Mas de onde provém esta negatividade que se anula (*nichtet*) no próprio ser? Uma comparação da conferência com o curso contemporâneo sugere algumas possíveis respostas a esta pergunta.

O ser é atravessado desde a origem pelo nada, a *Lichtung* é co-originariamente *Nichtung* porque o mundo se abriu para o homem apenas através da interrupção e anulação do relacionamento do ser vivo com o seu desinibidor. É certo que o vivo, por não conhecer o ser, também não conhece o nada; mas o ser aparece na «clara noite do nada» apenas porque o homem, na experiência do tédio profundo, se arriscou na suspensão do seu relacionamento de vivente com o ambiente. A *léthlē* – que, de acordo com a introdução da conferência, é o que reina no aberto enquanto *das Wesende*, o essenciante e o que dá o ser permanecendo nele impensado – não é senão o indesvelado do ambiente animal e recordar-se daquele significa necessariamente recordar-se deste, recordar-se do aturdimento por um instante, antes que se descubra um mundo. O essenciante e, conjuntamente, o que se anula no ser provém do «nem ente nem não ente» do desinibidor animal. O *Dasein* é simplesmente um animal que aprendeu a entediar-se, que despertou do seu aturdimento e para o seu aturdimento. Este despertar do ser vivo para o seu estar aturdido, este abrir-se, angustiante e decidido, a um não-aberto, é o humano.

Em 1929, quando preparava o seu curso, Heidegger não podia conhecer a descrição do mundo da carraça, que falta nos textos a que se refere e é introduzida por

Uexküll apenas em 1934, no seu livro *Streifzüge durch Umwelten von Tieren und Menschen*([16]). Se pudesse conhecê-la, talvez se tivesse interrogado sobre os dezoito anos em que a carraça sobrevive no laboratório de Rostock na ausência absoluta dos seus desinibidores. O animal pode efetivamente – em circunstâncias particulares como aquelas a que o homem o submete nos laboratórios – suspender a relação imediata com o seu ambiente, sem por isso deixar de ser um animal nem se tornar humano. Talvez a carraça no laboratório de Rostock conserve o mistério do «simplesmente vivo», com o qual nem Uexküll nem Heidegger estavam preparados para se medir.

([16]) *Dos animais e dos homens: digressões pelos seus próprios mundos. (N. T.)*

15.

Mundo e terra

A relação entre o homem e o animal, entre mundo e ambiente, parece evocar aquele íntimo diferendo (*Streit*) entre mundo e terra que está em jogo, segundo Heidegger, na obra de arte. Um mesmo paradigma, que constringe simultaneamente uma abertura e um fechamento, parece presente em ambos. Também na obra de arte – no contraste entre mundo e terra – está em questão uma dialética entre latência e ilatência, abertura e fechamento, que Heidegger, no ensaio *Der Ursprung des Kunstwerkes*([17]), evoca quase nos mesmos termos do curso de 1929-30: «A pedra não tem mundo. As plantas e os animais tão-pouco têm mundo; pertencem ao afluxo velado de um ambiente no qual estão suspensos. A camponesa, pelo contrário, tem um mundo, na medida em que se aloja no aberto do ente.» (Heidegger 1950, 30). Se o mundo representa, na obra, o aberto, a terra nomeia «aquilo que se recolhe essencialmente em si mesmo» (*ibid.*, 32). «A terra aparece apenas

---

([17]) *A origem da obra de arte. (N. T.)*

onde é mantida e salvaguardada como o essencialmente Indescobrível, que se retira ante qualquer abertura e se mantém constantemente fechada» (*ibid.*). Na obra de arte, este Indescobrível aparece, como tal, à luz. «A obra traz e mantém a própria terra no aberto de um mundo» (*ibid.*, 31) – «Produzir a terra significa: trazê-la ao aberto enquanto o que Em-si-se-fecha.» (*ibid.*, 32).

Mundo e terra, abertura e fechamento – ainda que opostos num conflito essencial – nunca são, porém, separáveis: «A terra é o emergir para o nada daquilo que constantemente se fecha e assim se salva. Mundo e terra são essencialmente diferentes um do outro e, todavia, nunca estão separados. O mundo funda-se sobre a terra e a terra surge através do mundo» (Heidegger 1950, 33-34).

Não surpreende o facto de que esta indivisível oposição de mundo e terra seja descrita por Heidegger em termos que parecem ter uma coloração decididamente política:

> A oposição recíproca entre mundo e terra é um conflito [*Streit*]. Enganamo-nos muito facilmente sobre a essência do conflito, se o confundimos com a discórdia e o litígio, deste modo conhecendo-o apenas como perturbação ou destruição. No conflito essencial, as partes em conflito erguem-se, uma e outra, na auto-afirmação [*Selbstbehauptung*] da sua essência. A auto-afirmação da essência nunca é, no entanto, o obstinar-se num estado contingente, mas a renúncia a si na escondida originariedade da proveniência do ser próprio […] Quanto mais duramente o conflito se acende e afirma, mais intransigentemente os conflituantes se abandonam na intimidade do simples pertencer-se. A terra não pode prescindir do aberto do mundo se deve aparecer como terra no afluxo liberto do seu fechar-se. O mundo, por outro

lado, não pode separar-se da terra se, enquanto amplitude dominante e percurso de todo o destino histórico essencial, deve fundar-se sobre algo de decidido. (*ibid*., 34)

Que, na dialética entre latência e ilatência que define a verdade, esteja em causa para Heidegger um paradigma político (aliás, o paradigma político por excelência) está fora de questão. No curso sobre Parménides, a *pólis* é definida precisamente pelo conflito *Verborgenheit-Unverborgenheit*.

> A *pólis* é o lugar, recolhido em si, da ilatência do ente. No entanto, agora, se, como diz a palavra, a *alḗtheia* tem um ser conflituoso, e se uma tal conflitualidade se mostra na relação de oposição à contrafação e ao olvido, então, na *pólis* entendida como lugar essencial do homem, deve dominar cada oposição extrema – e com ela toda a in-essência – à ilatência e ao ente, dito de outro modo, o não-ente na multiformidade da sua contra-essência. (Heidegger 1993, 133)

O paradigma ontológico da verdade como conflito de latência e ilatência é, em Heidegger, imediata e originariamente um paradigma político. É porque o homem advém essencialmente na abertura a um fechamento que algo como uma *pólis* e uma política são possíveis.

Se agora, seguindo a interpretação do curso de 1929--30 que até aqui sugerimos, restituirmos ao fechado, à terra e à *lḗthē* os seus nomes próprios de «animal» e de «simplesmente vivo», então o conflito político originário entre ilatência e latência será, simultaneamente e na mesma medida, aquele entre a humanidade e animalidade do homem. O animal é o Indescobrível que o homem mantém e traz à luz enquanto tal. Mas aqui tudo se complica. Porque se o característico da *humanitas* é o permanecer aberta ao fechamento do animal, se aquilo que o mundo traz ao aberto é precisamente e somente a terra enquanto o que em si se fecha, então, de que modo devemos entender a repreensão que Heidegger faz à metafísica e às ciências dela dependentes, de pensarem o homem «a partir da sua *animalitas* e não na direção da sua *humanitas*»? (Heidegger 1967, 277). Se a humanidade não foi obtida senão por uma suspensão da animalidade e deve, por isso, manter-se aberta ao fechamento desta, em que sentido a tentativa heideggeriana de apreender «a essência existente do homem» escapa ao primado metafísico da *animalitas*?

16.

Animalização

> Os homens são animais e alguns fazem
> criação dos seus semelhantes.
>
> Peter Sloterdijk

Heidegger foi talvez o último filósofo a acreditar de boa fé que o lugar da *pólis* – o *pólos* onde reina o conflito entre latência e ilatência, entre a *animalitas* e a *humanitas* do homem – fosse ainda praticável, que – situando-se naquele lugar arriscado – fosse ainda possível para os homens – para um povo – encontrar o seu destino histórico. Foi assim o último a acreditar, pelo menos até a um certo ponto e não sem dúvidas e contradições, que a máquina antropológica, decidindo e recompondo, a cada vez, o conflito entre o homem e o animal, entre o aberto e o não-aberto, pudesse ainda produzir história e destino para um povo. É provável que, a certa altura, se tenha apercebido do seu erro e compreendido que, em lado nenhum, uma decisão que respondesse a um encaminha-

mento histórico do ser era ainda possível. Já em 1934-
-35, no curso sobre Hölderlin em que tenta despertar a
«tonalidade emotiva fundamental da historicidade do
Dasein», escreve que «a possibilidade de uma grande comoção [*Erschütterung*, o mesmo termo que define o ser exposto do animal num indesvelado] na existência histórica de
um povo está esgotada. Templos, imagens e costumes já
não estão em condições de assumir a vocação histórica
de um povo de modo a incumbi-la de uma nova tarefa»
(Heidegger 1980, 99). A pós-história começava já a bater
à porta da metafísica consumada.

Hoje, a quase setenta anos de distância, é claro para
quem não esteja de absoluta má-fé que já não existem,
para os homens, tarefas históricas passíveis de serem assu-
midas ou, mesmo, sequer atribuíveis. Que os Estados-nação
europeus já não estivessem em condições de assumir tarefas históricas e que os próprios povos fossem votados a
desaparecer era, de certa forma, evidente logo a partir do
final da Primeira Guerra Mundial. Enganamo-nos completamente sobre a natureza das grandes experiências
totalitárias do século XX se nelas vemos apenas uma pros-
secução das últimas grandes tarefas dos Estados-nação
oitocentistas: o nacionalismo e o imperialismo. O que está
em causa é agora bem diferente e mais extremo, dado que
se trata de assumir como tarefa a própria existência fac-
tícia dos povos, ou seja, em última análise, a sua vida nua.
Deste ponto de vista, os totalitarismos do século XX constituem verdadeiramente a outra face da ideia hegelo-kojeviana do fim da história: o homem alcançou finalmente
o seu *télos* histórico e nada resta, a uma humanidade de
novo tornada animal, que a despolitização das socieda-
des humanas através do alastramento incondicionado da

oikonomía, ou a assunção da própria vida biológica como tarefa política (ou melhor, impolítica) suprema.

É provável que o tempo em que vivemos não tenha escapado a esta aporia. Será que não vemos, à nossa volta e mesmo entre nós, homens e povos sem essência e já sem identidade – entregues, por assim dizer, à sua inessencialidade e inoperância – procurar por todo o lado e às cegas, a custo de grosseiras falsificações, uma herança e uma tarefa, *uma herança como tarefa*? Mesmo a pura e simples deposição de todas as tarefas históricas (reduzidas a simples funções de polícia interna e internacional), em nome do triunfo da economia, assume hoje frequentemente uma ênfase na qual a própria vida natural e o seu bem-estar parecem apresentar-se como a última tarefa histórica da humanidade – admitindo que faça sentido falar aqui de uma «tarefa».

As potências históricas tradicionais – poesia, religião, filosofia – que, tanto na perspectiva hegelo-kojeviana como na de Heidegger, mantinham desperto o destino histórico-político dos povos, foram há muito tempo transformadas em espetáculos culturais e experiências privadas e perderam toda a eficácia histórica. Perante este eclipse, a única tarefa que parece ainda conservar alguma seriedade é o tomar a cargo e a «gestão integral» da vida biológica, isto é, da própria animalidade do homem. Genoma, economia global, ideologia humanitária são as três faces solidárias deste processo em que a humanidade pós-histórica parece assumir a sua própria fisiologia como último e impolítico mandato.

Se a humanidade que tomou em mãos o mandato de gestão integral da própria animalidade é ainda humana, no sentido da máquina antropológica que, de-cidindo a cada vez acerca do homem e do animal, produzia a *humanitas*, não é fácil dizer; nem é claro se o bem-estar de uma vida que já não se sabe reconhecer como humana ou animal pode ser dado como satisfatório. Claro que, na perspectiva de Heidegger, uma tal humanidade já não tem a forma do manter-se aberto ao indesvelado do animal, mas procura sobretudo abrir e assegurar em cada âmbito o não-aberto e, com isso, fecha-se à sua própria abertura, esquece a sua *humanitas* e faz do ser o seu desinibidor específico. A humanização integral do animal coincide com uma animalização integral do homem.

17.

Antropogénese

Tentemos enunciar em forma de tese os resultados provisórios da nossa leitura da máquina antropológica da filosofia ocidental:

1) A antropogénese é o que resulta da cesura e articulação entre o humano e o animal. Esta cesura passa, antes de mais, no interior do homem.

2) A ontologia, ou filosofia primeira, não é uma disciplina académica inócua, mas a operação fundamental, em todos os sentidos, na qual se processa a antropogénese, o tornar-se humano do vivente. A metafísica está desde o início presa nesta estratégia: esta concerne precisamente esse *metá*, que conclui e preserva a superação da *phýsis* animal na direção da história humana. Esta superação não é um evento que se tenha realizado de uma vez por todas, mas um acontecimento sempre em curso que decide, a cada vez e em cada indivíduo, acerca do humano e do animal, da natureza e da história, da vida e da morte.

3) O ser, o mundo, o aberto não são, porém, algo de diferente em relação ao ambiente e à vida animal: são

apenas a interrupção e a captura do relacionamento do vivente com o seu desinibidor. O aberto não é senão um apreender do não-aberto animal. O homem suspende a sua animalidade e, deste modo, abre uma zona «livre e vazia» onde a vida é capturada e a-bandonada numa zona de exceção.

4) É justamente por o mundo se ter aberto ao homem apenas através da suspensão e da captura da vida animal que o ser é sempre já atravessado pelo nada, que a *Lichtung* é sempre já *Nichtung*.

5) O conflito político decisivo que, na nossa cultura, governa qualquer outro conflito é o que existe entre a animalidade e a humanidade do homem. A política ocidental é, portanto, co-originariamente biopolítica.

6) Se a máquina antropológica era o motor do devir histórico do homem, então, o fim da filosofia e a realização das destinações epocais do ser mostram-nos que hoje a máquina roda em falso.

Posto isto, há então dois cenários possíveis na perspectiva de Heidegger: *a*) o homem pós-histórico deixa de preservar a sua animalidade enquanto indescobrível e procura governá-la e encarregar-se dela através da técnica; *b*) o homem, pastor do ser, apropria-se da sua própria latência, da sua própria animalidade, que não permanece escondida nem é tornada objeto de domínio, mas é pensada enquanto tal, como puro abandono.

18.

Entre

> Todos os enigmas do mundo nos parecem ligeiros
> quando comparados ao minúsculo segredo do sexo.
>
> Michel Foucault

Acerca da relação entre homem e natureza e entre natureza e história, alguns textos de Benjamin propõem uma imagem totalmente diferente, na qual a máquina antropológica parece estar completamente fora de jogo. O primeiro é a carta a Rang de 9 de Dezembro de 1923 sobre a «noite salva». Aqui, a natureza, enquanto mundo do fechamento (*Verschlossenheit*) e da noite, é contraposta à história enquanto esfera da revelação (*Offenbarung*). Mas na esfera fechada da natureza, Benjamin também inscreve – surpreendentemente – as ideias e as obras de arte. Estas últimas são assim definidas

> como modelos de uma natureza que não espera dia algum, e portanto ainda menos um dia do juízo, como modelos de

uma natureza que não é palco da história nem da habitação do homem: a noite salva [*die gerettete Nacht*]. (Benjamin 1996, 393)

O laço que o texto paulino sobre a *apokaradokía tēs ktíseōs* instituía entre natureza e redenção, entre criatura e humanidade redimida, é aqui rompido. As ideias, que, como estrelas, «brilham apenas na noite da natureza», colhem a vida criatural não para a revelar, nem para abri-la à linguagem humana, mas para restitui-la ao seu fechamento e ao seu mutismo. A separação entre natureza e redenção é um antigo tema gnóstico – e isto induziu Jakob Taubes a aproximar Benjamin do gnóstico Marcião. Mas, em Benjamin, a separação segue uma estratégia particular que está nos antípodas da marcionita. Aquilo que, em Marcião como na maioria dos gnósticos, provinha de uma desvalorização e condenação da natureza enquanto obra do Demiurgo malvado, conduz aqui a uma transmutação de valores que a estabelece como arquétipo da *beatitudo*. A «noite salva» é o nome desta natureza restituída a si própria, cuja cifra, segundo um outro fragmento benjaminiano, é a caducidade e cujo ritmo é a beatitude. A salvação que está aqui em questão não diz respeito a algo que se perdeu e deve ser reencontrado, que foi esquecido e deve ser recordado: concerne, preferencialmente, o perdido e o esquecido enquanto tais – ou seja, um insalvável. A noite salva é relação com um insalvável. Por isso, o homem – sendo também, «em certo grau», natureza – apresenta-se como um campo atravessado por duas tensões distintas, por duas redenções diferentes:

> À *restitutio in integrum* espiritual, que leva à imortalidade, corresponde uma outra, mundana, que conduz à eternidade

de uma dissolução; e o ritmo desta mundanidade eternamente transitória, transitória na sua totalidade não apenas espacial, mas também temporal, o ritmo da natureza messiânica é a felicidade. (Benjamin 1980a, 172)

Nesta gnose singular, o homem é a peneira em que vida das criaturas e espírito, criação e redenção, natureza e história continuamente se distinguem e separam e, contudo, secretamente conspiram para a sua salvação.

No texto que conclui *Einbahnstrasse* e que tem por título *Zum Planetarium*, Benjamin procura delinear a relação do homem moderno com a natureza por confronto com a do homem antigo com o cosmos, que tinha lugar na embriaguez. O lugar adequado desta relação é, para o homem moderno, a técnica. Mas não decerto uma técnica concebida, de acordo com a ideia comum, como domínio do homem sobre a natureza:

> O domínio da natureza, ensinam os imperialistas, é a finalidade de toda a técnica. Mas quem confiaria num mestre de palmatória que declarasse como finalidade da educação o domínio das crianças pelos adultos? Não será a educação, antes de mais, a indispensável ordenação das relações entre as gerações, e portanto, se quisermos falar de domínio, o domínio dessas relações geracionais, e não das crianças? Assim, também a técnica não é domínio da natureza: é o domínio da relação entre natureza e humanidade. É certo que os homens, enquanto espécie, estão há dezenas de milhares de anos no fim da sua evolução; mas a humanidade, enquanto espécie, está no começo. (Benjamin 1980b, 68)

Que significa «domínio da relação entre natureza e humanidade»? Que nem o homem deve dominar a natureza nem a natureza, o homem. Nem sequer que ambos devam ser superados por um terceiro termo que deles representaria a síntese dialética. Antes, de acordo com o modelo benjaminiano de uma «dialética em estado de detenção», o decisivo, aqui, é apenas o «entre», o intervalo e como que o jogo entre os dois termos, a sua constelação imediata numa não-coincidência. A máquina antropológica já não articula natureza e homem para produzir o humano através da suspensão e captura do inumano. A máquina, por assim dizer, parou, está «em estado de detenção» e, na suspensão recíproca dos dois termos, algo para o qual se calhar não temos nome, e que já não é animal nem homem, instala-se entre natureza e humanidade, mantém-se na relação dominada, na noite salva.

Poucas páginas antes, no mesmo livro, num dos seus aforismos mais densos, Benjamin evoca a imagem incerta desta vida que se emancipou da sua relação com a natureza somente à custa de perder o seu mistério. A cortar – não a soltar – o laço secreto que liga o homem à vida está, no entanto, um elemento que aparenta pertencer integralmente à natureza e que, ao invés, em tudo a excede: a satisfação sexual. Na imagem paradoxal de uma vida que, na extrema peripécia da volúpia, se liberta do mistério para reconhecer, por assim dizer, uma não-natureza, Benjamin fixou algo como o hieróglifo de uma nova in-humanidade:

> A satisfação sexual alivia o homem do seu mistério, que não consiste na sexualidade, mas na sua satisfação, e que talvez apenas nela apareça como não solto: cortado. É como o laço que une o homem à vida. A mulher corta-o, o homem fica liberto para a morte porque a sua vida perdeu o mis-

tério. Com isto, alcança o renascimento; e tal como a amada o livra do encantamento da mãe, assim, mais literalmente, a mulher o separa da terra-mãe, é a parteira a que compete cortar aquele cordão umbilical que o mistério da natureza entrelaçou. (Benjamin 1980b, 62)

19.

Désœuvrement

No Kunsthistorisches Museum de Viena conserva-se uma obra tardia de Ticiano – descrita por alguém como a sua «última poesia» e quase um adeus à pintura – conhecida como *Ninfa e pastor*. As duas figuras estão representadas em primeiro plano, imersas numa sombria paisagem campestre:

Ticiano, *Ninfa e pastor* (Viena, Kunsthistorisches Museum).

o pastor, sentado de frente, tem entre as mãos uma flauta, como se tivesse acabado de a tirar dos lábios. A ninfa, desnuda, representada de costas, está estendida perto dele sobre uma pele de pantera, tradicionalmente um símbolo libidinoso e de desregramento, exibindo as luminosas coxas largas. Com um gesto estudado, ela volta o rosto absorto para os espectadores e, com a mão esquerda, aflora ao de leve o outro braço, como numa carícia. Um pouco para lá, uma árvore fulminada, metade seca, metade verde, como a da alegoria de Lotto, na qual se empina dramaticamente um animal – uma «cabra audaz», segundo alguns, ou talvez um cervo jovem –, quase a mastigar-lhe as folhas. Ainda mais ao alto, como frequentemente no Ticiano tardio impressionista, o olhar perde-se nos realces luminosos de tinta.

Perante esta enigmática *paysage moralisé*, imersa numa atmosfera que é um misto de sensualidade exausta e melancolia contida, os estudiosos permanecem perplexos, e nenhuma explicação parece completa. Decerto, a cena está «demasiado carregada de emoção para ser uma alegoria» e, todavia, «esta emoção é demasiado contida para se conciliar com qualquer das hipóteses avançadas» (Panofsky, 172). Que ninfa e pastor estejam eroticamente ligados parece óbvio; mas a sua relação, simultaneamente promíscua e distante, é tão singular que devem tratar-se de «amantes desalentados, fisicamente tão próximos um do outro, e ainda assim tão afastados nos seus sentimentos» (*ibid.*). E tudo no quadro – o tom quase monocromático da cor, a expressão turva e morosa da mulher, tal como a sua pose – «sugerem que este casal comeu da árvore do conhecimento e está prestes a perder o seu Éden» (Dundas, 54).

A relação deste quadro com um outro de Ticiano, *As três idades do homem* da National Gallery of Scotland de Edimburgo, foi oportunamente observada por Judith Dundas. Segundo a estudiosa, o quadro de Viena – pintado muitos anos depois – retoma alguns elementos da obra precedente (o casal de amantes, a flauta, a árvore seca, a presença de um animal, provavelmente o mesmo), mas apresenta-os num tom mais sombrio e desesperado, que já nada tem em comum com a cristalina serenidade das *Três idades*. Mas a relação entre as duas telas é todavia bem mais complexa e permite pensar que Ticiano tenha intencionalmente retomado a obra juvenil, desmentindo-a ponto por ponto no sentido de um aprofundamento do banal tema erótico (como atesta a presença de Erota e da árvore seca, também no quadro de Edimburgo o tema iconográfico das «três idades do homem» é desenvolvido sob a forma de uma meditação sobre o amor). Antes de mais, estão invertidas as figuras dos dois amantes: na primeira, efetivamente, o homem está nu e a mulher vestida. Esta, que não está representada de costas mas de perfil, tem a flauta, que no quadro de Viena passará para as mãos do pastor. Ainda nas *Três idades* encontramos, à direita, a árvore quebrada e seca, símbolo do conhecimento e do pecado, sobre a qual se apoia um Eros: mas Ticiano, retomando o motivo na obra tardia, fá-la florir de um lado, reunindo assim num só tronco as duas árvores edénicas, a da vida e a do conhecimento do bem e do mal. E enquanto nas *Três idades* o jovem cervo estava tranquilamente estendido sobre a erva, agora, tomando o lugar de Eros, ergue-se para a árvore da vida.

O enigma da relação sexual entre o homem e a mulher, que já estava no centro do primeiro quadro, recebe assim uma nova e mais madura formulação. Volúpia e amor – como testemunha a árvore reflorida pela metade – não prefiguram apenas a morte e o pecado. Claro que, na satisfação, os amantes conhecem um do outro algo que não deveriam saber – perderam o seu mistério – sem se tornarem, por isso, menos impenetráveis. Mas, neste recíproco debilitar do segredo, acedem, precisamente como no aforismo de Benjamin, a uma vida nova e mais abençoada, nem animal nem humana. Não é a natureza que se alcança na satisfação – mas antes, como é simbolizado pelo animal que se empina junto à árvore da vida e do conhecimento, um estádio superior, para além tanto da natureza como do conhecimento, do velamento como do desvelamento. Estes amantes iniciaram-se à sua ausência de mistério como ao seu segredo mais íntimo, perdoam-se mutuamente e expõem a sua *vanitas*. Nus ou vestidos, já não estão velados nem desvelados – mas sobretudo inaparentes. Como é evidente, tanto pela postura dos dois amantes como pela flauta acabada de tirar dos lábios, a sua condição é *otium*, é sem obra. Se é verdade, como escreve Dundas, que Ticiano criou nestes quadros «um reino onde refletir sobre a relação entre corpo e espírito» (Dundas, 55), esta relação, no quadro de Viena, está, por assim dizer, neutralizada. Na satisfação, os amantes, que perderam o seu mistério, contemplam uma natureza humana tornada perfeitamente inoperante – a inoperância e o *désœuvrement* do humano e do animal como figura suprema e insalvável da vida.

20.

Fora do ser

> Esoterismo significa então: articulação de
> modalidades de não-conhecimento.
>
> Furio Jesi

No Egito, por volta de meados do século II d. C., o gnóstico Basilides, de cujo círculo provinham as efígies com cabeças de animais reproduzidas por Bataille na *Documents*, compõe a sua exegese dos evangelhos em vinte livros. No drama soteriológico que traça, o deus não existente, no princípio, espalhou no cosmos uma tripla semente ou filialidade, das quais a última se emaranhou «como um aborto» na «grande massa» da matéria corpórea e deverá, no final, regressar à existência divina de onde proveio. Até aqui, nada distingue a cosmologia de Basilides do grande drama gnóstico da miscelânea cósmica e da separação. Mas aquilo que constitui a sua incomparável originalidade é ter sido ele o primeiro a pôr o problema do estado da matéria e da vida natural quando todos os elementos divinos ou espirituais a tenham abandonado para regressar ao seu lugar de origem. E fá-lo através de uma exegese genial da passagem da *Carta aos Romanos* em que Paulo fala da natureza que geme e sofre as dores de parto à espera da redenção:

> Quando toda a filialidade se reunir nas alturas e se encontrar para lá do limite do espírito, então toda a criação obterá compaixão. Até agora geme, angustia-se e espera a revelação dos filhos de Deus para que todos os homens da filialidade subam daqui às alturas. Quando tal acontecer, Deus estenderá por todo o mundo a grande ignorância [*megálē ágnoia*], para que todas as criaturas permaneçam na sua condição natural [*katá phýsin*] e nenhuma deseje nada que seja contra a sua natureza. E, assim, todas as almas que se encontrem nesta vastidão, que estão destinadas por natureza a permanecerem imortais somente neste local, aqui permanecerão, nada conhecendo de superior e melhor do que esta vastidão; e não haverá notícia nem conhecimento das realidades supramundanas nas regiões abaixo, a fim de evitar que as almas de abaixo, desejando coisas impossíveis, sejam atormentadas como um peixe que queira pastar com as ovelhas sobre os montes: com efeito, tal desejo representaria a sua ruína. (Simonetti, 72)

Na ideia desta vida natural insalvável, completamente abandonada de qualquer elemento espiritual – e, no entanto, perfeitamente abençoada graças à «grande ignorância» –, Basilides pensou uma espécie de grandiosa imagem contrafactual da reencontrada animalidade do homem no fim da história que tanto irritava Bataille. Aqui, trevas e luz, matéria e espírito, vida animal e logos – cuja articulação na máquina antropológica produzia o humano – separaram-se para sempre. Mas não para se fecharem num mistério mais impenetrável – antes para libertar a sua natureza mais verdadeira. A propósito de Jarry, um crítico escreveu que uma das chaves alquímicas da sua obra parece ser «a crença, herdada da ciência medieval, segundo a qual o homem que fosse capaz de separar as diferentes naturezas estritamente entrelaçadas no decorrer da sua existência conseguiria libertar em si próprio o sentido profundo da vida» (Massat, 12). A figura – nova ou antiquíssima – da vida que brilha na «noite salva» desta eterna, insalvável sobrevivência da natureza (e, em particular, da natureza humana) ao definitivo abandono do logos e da sua própria história não é fácil de pensar. Já não é humana porque esqueceu completamente todo o elemento racional, qualquer projeto de dominar a sua vida animal; mas nem sequer pode ser dita animal, se a animalidade for definida justamente pela sua pobreza de mundo e pela obscura espera de uma revelação e de uma salvação. Certamente, «não vê o aberto», no sentido em que deste não se apropria como instrumento de domínio e de conhecimento; mas também não permanece simplesmente fechada no seu aturdimento. A *ágnoia*, o não--conhecimento que sobre ela desceu, não implica a perda de todo o relacionamento com o seu velamento. Antes, esta vida permanece serenamente em relação com a sua natureza (*ménei* [...] *katá phýsin*) como com uma zona de não-conhecimento.

Os etimologistas ficaram sempre perplexos perante o verbo latino *ignoscere*, que parece explicável como *ingnosco e, contudo, não significa «ignorar», mas «perdoar». Articular uma zona de in-conhecimento – ou melhor, de ignosciência – significa, neste sentido, não simplesmente deixar ser, mas deixar fora do ser, tornar insalvável. Tal como os amantes de Ticiano se perdoam mutuamente a sua ausência de mistério, também, na noite salva, a vida – nem aberta nem indesvelável – está serenamente em relação com a sua latência, deixa-a ser fora do ser.

Na interpretação heideggeriana, o animal não se pode referir ao seu desinibidor nem como a um ente nem como a um não-ente porque, apenas com o homem, o desinibidor é pela primeira vez deixado ser como tal; apenas com o homem, algo como o ser pode dar-se e um ente se torna acessível e manifesto. Por isso, a categoria suprema da ontologia de Heidegger enuncia-se: deixar ser. No projeto, o homem torna-se liberto para o possível e, confiando-se a este, deixa ser o mundo e os entes enquanto tais. Contudo, se a nossa leitura está correta, se o homem pode abrir um mundo e liberar um possível apenas quando, na experiência do tédio, consegue suspender e desativar o relacionamento animal com o desinibidor, se no centro do aberto está o indesvelamento do animal, então, aqui chegados devemos perguntar: que é feito deste relacionamento, de que modo pode o homem deixar ser o animal na suspensão do qual o mundo se mantém aberto?

Enquanto o animal não conhece nem ente nem não--ente, nem aberto nem fechado, está fora do ser, fora, numa exterioridade mais externa que qualquer aberto, e dentro, numa intimidade mais interna que qualquer fechamento. Deixar ser o animal significará então: deixá-lo ser *fora do ser*. A zona de não-conhecimento – ou de ignosciência – aqui em questão está para lá tanto do conhecer como do não-conhecer, tanto do desvelar como do velar, tanto do ser como do nada. Mas o que é assim deixado ser fora do ser não é, por isso, negado ou retirado, não é, por isso, inexistente. É um existente, um real, que foi para além da diferença entre ser e ente.

Não se trata aqui, todavia, de tentar traçar os contornos já não humanos nem animais de uma nova criação que se arriscaria a ser tão mitológica como a outra. Na nossa cultura, o homem – como vimos – tem sido sempre o resultado de uma divisão e, simultaneamente, de uma articulação do animal e do humano, em que um dos dois termos da operação era também o que estava em causa. Tornar inoperante a máquina que governa a nossa concepção do homem significará, portanto, já não procurar novas – mais eficazes ou mais autênticas – articulações, mas exibir o vazio central, o hiato que separa – no homem – o homem e o animal, arriscar-se neste vazio: suspensão da suspensão, *shabat* tanto do animal como do homem.

E se um dia, de acordo com uma imagem entretanto tornada clássica, o «rosto de areia» que as ciências do homem moldaram sobre a beira-mar da nossa história devesse ser definitivamente apagado, a aparecer em seu lugar não estará então um novo *mandýlion* ou a «verónica» de uma reencontrada humanidade ou de uma reencontrada animalidade. Os justos com cabeça de animal da iluminura da Ambrosiana não representam tanto uma nova declinação da relação homem-animal quanto uma figura da «grande ignorância» que deixa ser um e outro fora do ser, salvos no seu ser especificamente insalvável. Há talvez ainda um modo em que os seres vivos possam sentar-se no banquete messiânico dos justos sem assumir uma tarefa histórica e sem fazer funcionar a máquina antropológica. Mais uma vez, a resolução do *mysterium coniunctionis*, a partir do qual se produziu o humano, passa por um inaudito aprofundamento do mistério prático-político da separação.

Bibliografia

A bibliografia compreende apenas os livros citados no texto. Com a exceção de Heidegger, que está traduzido diretamente da edição alemã, a tradução de obras estrangeiras que, quando possível, aparece citada, foi, se necessário, modificada de acordo com o texto original.[18]

AMEISENOWA, Sofia
1949   «Animal-headed Gods, Evangelists, Saints and Righteous Men», *Journal of the Warburg and Courtauld Institutes*, 12.

ARISTÓTELES
1980   *De l'âme*, ed. Antonio Jannone e Edmond Barbotin, Les Belles Lettres, Paris [*Da alma (De anima)*, trad. port. Carlos Humberto Gomes, Edições 70,

---

[18] Ao traduzir do italiano os textos citados, embora tendo o cuidado de verificar a edição portuguesa, quando existente, seguimos a generalidade das opções de tradução do próprio Agamben, em especial no que respeita ao texto heideggeriano. *(N. T.)*

Lisboa, 2001; *De Anima*, Imprensa Nacional-Casa da Moeda, trad. Ana Maria Lóio, Lisboa, 2010].

BATAILLE, Georges

1970 *La conjuration sacrée*, in *Oeuvres complètes*, I: *Premiers écrits, 1922-1940*, Gallimard, Paris.

BENJAMIN, Walter

1980a *Theologisch-politisches Fragment*, in *Gesammelte Werke*, ed. Rolf Tiedemann e Hermann Schweppenhäuser, II, 1, Suhrkamp, Frankfurt a. M. [«Fragmento teológico-político», *O Anjo da História*, ed. e trad. João Barrento, Assírio & Alvim, Lisboa, 2010].

1980b *Einbahnstrasse*, in *Gesammelte Werke*, ed. Rolf Tiedemann e Hermann Schweppenhäuser, IV, 1, Suhrkamp, Frankfurt a. M. [«Rua de Sentido Único», *Imagens de Pensamento*, ed. e trad. João Barrento, Assírio & Alvim, Lisboa, 2004].

1996 *Gesammelte Briefe*, ed. Christoph Gödde e Henri Lonitz, II: *1919-1924*, Suhrkamp, Frankfurt a. M..

BICHAT, Xavier

1994 *Recherches physiologiques sur la vie et la mort*, Flammarion, Paris (1.ª ed. 1800) [*Observações fysiologicas sobre a vida e a morte, obtidas pela indagação dos fenomenos de economia animal*, trad. Manoel José Estrella, Typ. de Manuel Antonio da Silva Serva, Bahia, 1816].

DIDEROT, Denis

1987 *Le Rêve de d'Alembert*, ed. Jean Varloot e Georges Dulac, in *Oeuvres complètes*, ed. Herbert Dieckmann e Jean Varloot, XVII: *Idées IV. Principes physiologiques sur la matière et je mouvement. Le Rêve de d'Alembert. Éléments de physiologie*, Hermann, Paris.

DUNDAS, Judith
1985 «A Titian Enigma», in *Artibus et historiae*, 12.
ESCOTO ERÍGENA, JOÃO
1853 *De divisione naturae libri quinque*, in Jacques-Paul Migne (ed.), *Patrologia cursus completus. Series latina*, CXXII, Migne, Paris.
GMELIN, Johann Georg
1861 *Reliquiae quae supersunt commercii epistolici cum Carolo Linnaeo, Alberto Hallero, Guilielmo Stellero et al...*, ed. G. H. Theodor Plieninger, Academia Scientiarum Caesarea Petropolitana, Estugarda.
HAECKEL, Ernst
1899 *Die Welträtsel. Gemeinverständliche Studien über monistische Philosophie*, Kröner, Estugarda [*Os enigmas do Universo*, trad. Jaime Filinto, Lello & Irmão, Porto, 3.ª edição, 1961].
HECQUET, madame
1755 *Histoire d'une jeune fille sauvage, trouvée dans les bois à l'âge de dix ans*, s.ed., Paris (trad. ingl. *The History of a Savage Girl, Caught Wild in the Woods of Champagne*, Davidson, Londres, s.d.).
HEIDEGGER, Martin
1950 *Holzwege*, Klostermann, Frankfurt a. M. [*Caminhos de floresta*, trad. port. Irene Borges-Duarte, Fundação Calouste Gulbenkian, Lisboa, 2002].
1967 *Wegmarken*, Klostermann, Frankfurt a. M. [«O que é a metafísica? (1929)», *Marcas no Caminho*, trad. Enio Paulo Giachini e Ernildo Stein, Vozes, Petrópolis, 2008].
1972 *Sein und Zeit*, Niemeyer, Tübingen [*Ser e tempo*, 3 vol., trad. Márcia de Sá Cavalcanti, Vozes, Petrópolis, 1988].

1980 *Gesamtausgabe*, XXXIX: *Hölderlins Hymnen «Germanien» und «Der Rhein»*, a cura di Susanne Ziegler, Klostermann, Frankfurt a. M [*Hinos de Hölderlin*, trad. Lumir Nahodill, rev. Carlos Morujão, Instituto Piaget, Lisboa, 2004].

1984 *Gesamtausgabe*, XXIX-XXX: *Die Grundbegriffe der Metaphysik. Welt – Endlichkeit – Einsamkeit*, Klostermann, Frankfurt a. M. [*Os conceitos fundamentais da metafísica: mundo – finitude – solidão*, trad. Marco António Casanova, Forense Universitária, Rio de Janeiro, 2003].

1993 *Gesamtausgabe*, XLIV: *Parmenides*, ed. Manfred S. Frings, Klostermann, Frankfurt a. M. [*Parmênides*, trad. Sérgio Mario Wrublevski, Vozes, Petrópolis, 2008].

HOLLIER, Denis (ed.)
1979 *Le Collège de Sociologie (1937-1939)*, Gallimard, Paris.

KOJÈVE, Alexandre
1979 *Introduction à la lecture de Hegel*, Gallimard, Paris (1.ª ed., 1947).

LINEU, Carlos [Carl von Linné ou Carolus Linnaeus]
1735 *Systema naturae, sive, Regna tria naturae systematice proposita per classes, ordines, genera, & species*, Haak, Lugduni Batavorum.

1955 *Menniskans Cousiner*, ed. Telemak Fredbär, Ekenäs, Uppsala.

MASSAT, René
1948 «Preface» a Alfred Jarry, *Oeuvres complètes*, Éditions du Livre, Lausanne-Montecarlo.

PANOFSKY, Erwin
1969 *Problems in Titian, mostly Iconographic*, New York University Press, New York.

Pico della Mirandola, Giovanni
2000   *Oratio/Discorso*, ed. Saverio Marchignoli, in Pier Cesare Bori, *Pluralità delle vie. Alle origini del «Discorso» sulla dignità umana di Pico della Mirandola*, Feltrinelli, Milão [*Discurso sobre a Dignidade do Homem*, trad. Maria de Lurdes Sirgado Galho, Lisboa, Edições 70, 1989].

Puech, Henri-Charles
1979   *Sur le manicheisme et autres essais*, Flammarion, Paris.

Simonetti, Manlio (ed.)
1993   *Testi gnostici in lingua greca e latina*, Mondadori, Milano.

Steinthal, Heymann
1877   *Der Ursprung der Sprache im Zusammenang mit den letzen Fragen alles Wissens. Eine Darstellung, Kritik und Fortentwicklung der vorzüglichsten Ansichten*, Dümmler, Berlim (1.ª ed. 1851).
1881   *Abriss der Sprachwissenschaft*, I: *Einleitung in die Psychologie und Sprachwissenschaft*, Dümmler, Berlim (1.ª ed. 1871).

Tomás de Aquino
1955   *Somme théologique. La Résurrection*, ed. Jean-Dominique Folghera, Desclée, Paris-Rome [*Suma Teológica*, vol. I, trad. port. Alexandre Corrêa, Universidade de Caxias do Sul, Porto Alegre, 1980].
1963   *Somme théologique. Les Origines de l'homme*, ed. Albert Patfoort, Desclée, Paris-Rome [*Suma Teológica*, vol. II, trad. port. Alexandre Corrêa, Universidade de Caxias do Sul, Porto Alegre, 1981].

Tyson, Edward
1699   *Orang-Outang, sive Homo Sylvestris, or, the Anatomy of a Pygmie Compared with that of a Monkey, an Ape,*

and a Man, to which is Added, a Philological Essay Concerning the Pygmies, the Cynocephali, the Satyrs and Sphinges of the Ancients: Wherein it Will Appear that They are Either Apes or Monkeys, and not Men, as Formerly Pretended, Bennett and Brown, London.

UEXKÜLL, Jakob von; KRISZAT, Georg
1956 *Streifzüge durch Umwelten von Tieren und Menschen. Ein Bilderbuch unsichtbarer Welten. Bedeutungstehre*, Rowohlt, Hamburg (1.ª ed. 1934 [*Dos animais e dos homens: digressões pelos seus próprios mundos*, trad. Alberto Candeias e Aníbal Garcia Pereira, Livros do Brasil, Lisboa, 1983].

Índice

1. Teromorfo.........................
2. Acéfalo ....
3. Snobe ....
4. *Mysterium disiunctionis* ....
5. Fisiologia dos bem-aventurados ....
6. *Cognitio experimentalis* ....
7. Taxonomias........................
8. Sem escalão.......................
9. Máquina antropológica...............
10. *Umwelt*............................
11. Carraça ....
12. Pobreza de mundo ....
13. O aberto ....
14. Tédio profundo ....
15. Mundo e terra.....................
16. Animalização......................
17. Antropogénese ....
18. Entre.............................
19. *Désœuvrement*......................
20. Fora do ser ....
Bibliografia..............................

BIBLIOTECA DE FILOSOFIA CONTEMPORÂNEA

1. *Mente, Cérebro e Ciência*, John Searle
2. *Teoria da Interpretação*, Paul Ricoeur
3. *Técnica e Ciência como Ideologia*, Jürgen Habermas
4. *Anotações sobre as Cores*, Ludwig Wittgenstein
5. *Totalidade e Infinito*, Emmanuel Levinas
6. *As Aventuras da Diferença*, Gianni Vattimo
7. *Ética e Infinito*, Emmanuel Levinas
8. *O Discurso da Acção*, Paul Ricoeur
9. *A Essência do Fundamento*, Martin Heidegger
10. *A Tensão Essencial*, Thomas Kühn
11. *Fichas (Zettel)*, Ludwig Wittgenstein
12. *A Origem da Obra de Arte*, Martin Heidegger
13. *Da Certeza*, Ludwig Wittgenstein
14. *A Mão e o Espírito*, Jean Brun
15. *Adeus à Razão*, Paul Feyerabend
16. *Transcendência e Inteligibilidade*, Emmanuel Levinas
18. *Ideologia e Utopia*, Paul Ricoeur
19. *O Livro Azul*, Ludwig Wittgenstein
20. *O Livro Castanho*, Ludwig Wittgenstein
21. *O Que é uma Coisa*, Martin Heidegger
22. *Cultura e Valor*, Ludwig Wittgenstein
23. *A Voz e o Fenómeno*, Jacques Derrida
24. *O Conhecimento e o Problema Corpo-Mente*, Karl R. Popper
25. *A Crítica e a Convicção*, Paul Ricoeur
26. *História da Ciência e suas Reconstruções Racionais*, Imre Lakatos
27. *O Mito do Contexto*, Karl R. Popper
28. *Falsificação e Metodologia dos Programas de Investigação Científica*, Imre Lakatos
29. *O Fim da Idade Moderna*, Romano Guardini
30. *A Vida é Aprendizagem*, Karl R. Popper
31. *Elogio da Teoria*, Hans-Georg Gadamer
32. *Racionalidade e Comunicação*, Jürgen Habermas
33. *Palestras*, Maurice Merleau-Ponty
34. *Cadernos, 1914-1916*, Ludwig Wittgenstein
35. *A Filosofia no Século XX*, Remo Bodei
36. *Os Problemas da Filosofia*, Bertrand Russell
37. *Ética da Autenticidade*, Charles Taylor
38. *Bios. Biopolítica e Filosofia*, Roberto Esposito
39. *A Luta pelo Reconhecimento*, Axel Honneth
40. *Amor e Justiça*, Paul Ricoeur
41. *Vivo até à Morte* seguido de *Fragmentos*, Paul Ricoeur
42. *O Aberto. O Homem e o Animal*, Giorgio Agamben